大学问

始于问而终于明

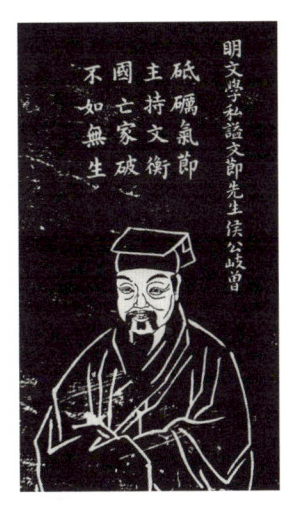

侯岐曾（1595—1647）
字雍瞻，号广维，私谥文节

周绚隆 ◎ 著

# 易代

侯岐曾和他的亲友们

·修订本·

广西师范大学出版社
·桂林·

YIDAI: HOUQIZENG HE TA DE QINYOU MEN

项目统筹：鲁朝阳　　项目管理：马艳超
责任编辑：马艳超　　助理编辑：陈振林
责任校对：赵　楠　　责任技编：王增元
营销编辑：黄婷婷　　书籍设计：徐俊霞
　　　　　　　　　俸萍利［广大迅风艺术］

## 图书在版编目（CIP）数据

易代：侯岐曾和他的亲友们 / 周绚隆著. —修订本. —桂林：广西师范大学出版社，2021.11
ISBN 978-7-5598-4133-9

Ⅰ. ①易… Ⅱ. ①周… Ⅲ. ①文人－生平事迹－中国－明清时代 Ⅳ. ①K825.4

中国版本图书馆 CIP 数据核字（2021）第 159055 号

广西师范大学出版社出版发行

（广西桂林市五里店路 9 号　邮政编码：541004
　网址：http://www.bbtpress.com）

出版人：黄轩庄
全国新华书店经销
广西广大印务有限责任公司印刷
（桂林市临桂区秧塘工业园西城大道北侧广西师范大学出版社集团有限公司创意产业园内　邮政编码：541199）
开本：880 mm × 1 240 mm　1/32
印张：9　　　字数：163 千字
2021 年 11 月第 1 版　2021 年 11 月第 1 次印刷
定价：78.00 元

如发现印装质量问题，影响阅读，请与出版社发行部门联系调换。

# 前　言

　　这本小书，是我在繁重的工作之馀，一点点挤时间写出来的，前后断断续续进行了两年——其中当然包括遇到疑问查材料的时间。

　　对于明清易代之际，以侯岐曾家族为代表的嘉定文人群体，我以前并未认真关注过。关于侯岐曾的事迹，知道得也非常简略。真正开始了解这个家族，要到2002年以后了。那年冬天，我到曲阜师范大学参加了一个会议，正好与陈大康教授同住一屋。陈先生当时身兼华东师范大学文学院院长及古籍所所长，闲谈中讲起他们古籍所得到了一批明清时期的上海地方文献，其中有《云间人物志》《释柯集》《侯岐曾日记》《淞南随笔》《三略汇编》等，但出版遇到了困难。我当即断定这批东西有重要的史料价值，回来即以《明清上海稀见文献五种》的名义，申请了当年的古籍出版专项资金，并将其列入了我们的出版计划。

这五种文献，给我印象最深的是《侯岐曾日记》，它似乎把我直接带回了当年的历史现场。时至今日，每次重读这部日记，总有一种奇怪的感觉，仿佛它的作者重新恢复了生命，直接和我在对话。过去读明清史，对清兵下江南时遭遇的抵抗和其镇压的残酷，也有过关注，特别是关于"扬州十日"、"江阴围城"、"嘉定三屠"的有关记述，读来曾使我震惊。但这些材料，多从第三者的立场来书写，采用报道的笔法，叙述过于冷静，感染力有所不足。我从没像读《侯岐曾日记》那样，能透过一个人的内心来理解这段历史，甚至跟着日记的主人一起经受种种煎熬。

当初看《侯岐曾日记》的整理稿有个遗憾，就是整理者只给它加了标点，而没对里面的人事做哪怕是最简单的笺注和说明，日记里涉及的许多人与事，叙述都很简略，有些地方只是点到为止，事件的前后关系，人物之间的关系，往往很模糊，读起来难免吃力。我曾就此给整理者王贻梁先生去信，建议他增加一些注释，但他因材料太少而未接受。

《明清上海稀见文献五种》于2006年出版后，我心中的遗憾并未消除。此后，一直留意收集有关嘉定侯氏的资料，对日记中涉及的人物及作品，也加意关注。几年下来，断断续续收集了一些材料，也做了大量笔记。在反复阅读日记的过程中，借助掌握的资料，经过不断梳理，我逐渐弄清了里边的人物关系，曾萌生过做《侯岐曾日记笺证》的想法。但是在王贻梁先生标点的基础上做笺证，还涉及标点授权的问题。王先生因病作古已经多年，不打招呼直接使用他的标点，当然是明目张胆的侵权。我如果重新做标点（当年为了审稿需要，王先生曾提供过一份底本复印件），难免有欺负逝者的嫌疑。随着研究的逐渐深入，不断涌现的疑问和思考，最终使我改变了原来的计划，决定从问题生发开去，把考证的结果，按话题一篇篇地写成文章。

《侯岐曾日记》产生于侯家遭遇的两场大难之间的相对平静期，此时他们在精神上尽管仍然压抑焦虑，但生活还算比较平稳。日记开始的时候，嘉定守城已经结束，长房的侯峒曾父子四人死了三个。日记结束的时候，则是另一场大难爆发的开始。这一次，付出牺牲的是侯岐曾本人。

日记虽因侯岐曾被杀中断了，却在我内心勾起了重重疑问：针对这个家庭接下来发生了什么？男人们死丧逃亡之后，侯家的女性是怎样熬过灾难的？侯氏后人的处境如何？深受侯岐曾思想影响的家庭教师陆元辅，在日后走向社会时，经历了怎样的思想转变？这一系列问题，促使我不断寻找材料和线索，希望能给自己一个满意的答案。

我一直想知道，对侯岐曾这个案子，处理此事的地方政府是怎么看待的，他们写给朝廷的奏报里又是怎么表述的。为此，我购买了全套的《明清史料》，希望能从中找到线索。

但遗憾得很，不论是洪承畴还是土国宝，在给朝廷的奏报中，都没有专门提到侯岐曾的名字❶。他们重点汇报的只是"名士通海"和"吴胜兆谋反"这样的大案，在他们的眼里，侯岐曾的分量远不如参与通海的夏完淳和侯玄㵭。侯岐曾被抓和被杀，只是因为藏匿了陈子龙，可以说他连正式的案犯都算不上❷。这让我内心有了巨大的失落感！同时，另一个问题又冒了出来：历史叙事和个人叙事的差异到底能有多大？

我之所以说侯岐曾在官方文书里没被重视，不仅是因为他的名字没被专门提及，还因为他未报朝廷批准就被处决了（刑部题本里用的是"斩"，而不是"正法"），更因为地方政府在给朝廷的奏报里，错把侯玄㵭当成了夏完淳的姐夫——这至少说明地方当局对他的审讯是非常草率的。一个在日记里满负着民族情结和家庭责任的鲜活生命，在历史的洪流中却微如尘埃！日记里那些泣血的文字和强烈的感情，在宏大的历史叙事中，并未能留下任何痕迹。从这个意义上

---

❶ 只有《刑部尚书吴达海题本》中提到过一次他的名字，还是作为顾天逵的岳丈身份出现的："状招（顾）咸正遭崇祯国变，回家潜藏不出，有已正法子顾天逵，系官兵擒获已斩侯岐曾女婿。"邓之诚《骨董琐记全编·骨董三记》卷五《顾咸正一案刑部题本》，人民出版社二〇一二年版，第六三七页。

❷ 《江南总督内院大学士洪承畴揭帖》（顺治四年七月初十），此揭帖专门向朝廷报告了吴胜兆案的审理结果，其中特别讲到陈子龙被捕的经过："若陈子龙叛形彰著，钱彦林、徐似子、夏保谟不即拒绝，乃事前商确，事后探望，犹辗转藏匿子龙，缉至顾咸正之营舍，而始授首。"其中连他提也没提。《史料丛刊初编·洪文襄公呈报吴胜兆叛案揭帖》，转引自白坚《夏完淳集笺校》，上海古籍出版社二〇一六年版，第八〇六页。

看，我们不能不承认，宏观历史关注的只是一些重大事件，强调的是历史的最终结果，至于忠、孝、节、义等精神层面的东西，在具体的历史进程中，常常只是敌我双方为实现自己的目标而宣扬和利用的概念。

  有一天，在查阅材料的过程中，我突然想到了微观史学这个概念，觉得可以用它给自己的研究和写作进行定性。时间的车轮滚滚向前，势不可挡地碾压着一切，不断地让未来进入当下，让当下成为过去，使过去变成历史。历史学家在与时间竞争的过程中，为了从瞬息万变的各类表象中探明因果，寻找规律，概括意义，常常只能抓大放小，这就决定了宏观史学一些基本的特征。因此，在官修史书中，只有对历史发展有过重要影响的人物，才会被著录，其馀的芸芸众生都被吸进了历史的黑洞。这既埋没个体，有时也会掩盖真相。《侯岐曾日记》的面世，让我们仿佛在历史的某一书页中发现了一个夹层，撬开夹层往里看，又发现了一个过去一直被忽略的家族和他们的世界。因此，依据日记、私人书信、回忆录和诗文作品，来还原和描述侯岐曾家族几代人在明清易代之际的价值选择和人生遭际，并由此观察这段历史的所谓"过程"，自然就成了我后来努力的方向。通过收集和整理零散、私人的文献材料，来分析和描述一个家族或社群的浮沉变化，以丰富对历史进程的认识，这正是微观史学所强调的方法。我的研究其实暗合了这一思路。

在《侯岐曾日记》的末尾，作者以谨慎的态度，记录了陈子龙最后的行踪和精神状态，这与我过去形成的印象颇有距离。进一步的阅读使我意外地发现，不论陈子龙还是黄淳耀、侯峒曾等一批烈士，原初并没有殉国的计划，他们的死有着许多未曾预料的原因，特别是陈子龙，他死得很不甘心。这引发了我对易代之际士人的生死观和出处选择的关注。夏完淳的诗句"谁不誓捐躯，杀身良不易"（《自叹》），其实道破了大多数人的内心纠结。

江南的抵抗在很大程度上是被"剃发令"的强制推行激发起来的，此后的一系列事件，都显示了清初某些政策制定和执行的随意性。《侯岐曾日记》不但记录了"剃发令"在苏州府颁行的时间，还记载了具体的实施办法（设立清发道督办）和定罪标准（分五等）。尤其值得注意的是他对剃发的抗拒和内心的痛苦，这对剃发政策的负面作用是很好的佐证。日记中提到的另一个细节是，清政府曾在江南向士绅定价摊卖人参，这也印证了洪承畴给朝廷揭帖中讲到的事实❶。清初地方秩序的混乱和官吏队伍的趁火打劫，都在日记中有触目惊心的反映，这与朝廷稳定江南的政治目标显然是矛盾的，也部分地说明了抵抗此起彼伏的原因。

清兵下江南时，因多次遭遇抵抗，为了报复而大开杀

---

❶ 《江南总督洪承畴揭帖》（顺治三年十二月十三日），《明清史料》甲编第六本，台北"中央研究院"历史语言研究所一九九九年版，第五〇六页。

戒。同时由于前线供应紧张，加上地方失序，所到之处纵兵掳掠，扰害百姓，对妇女的种种伤害更是令人发指。侯氏的儿媳们，都受过良好的教育，有一定的才华。家族的灾难，她们是不能幸免的。虽然侯氏后人对此讳莫如深，周围人出于同情也不愿提及，但还是有零星的文字涉及了一点。如无名氏的《吴城日记》卷中就说："松宦陈子龙投水死。嘉定宦侯峒曾家被抄提。……家资一洗而空，妇女大受惨辱。沿及邻家，皆被抢掠，闻者无不痛心。"她们的人生遭际，对我们认识这段历史有重要意义。

侯氏一门在付出巨大的牺牲后，周围社会对他们的态度却有些暧昧，这大概是他们决定全节尽忠时所没料到的。在新、旧秩序大调整，利益和机会重新分配的易代之际，随着新的地方势力崛起，侯家这个"犯顺"之族，必将无条件地退出地方精英的行列。但是，这个过程是怎么完成的？侯氏的后人经历了怎样的心理变迁？通过对史料的梳理，我注意到了他们几代人在坚守过程中，内心的痛苦与挣扎。前面几代人坚持不参加科举，彻底断绝了他们在社会中上升的通道，而长期的贫困，则加剧了后世衰落的步伐。一代名门，终成寻常百姓。

最令我无法释怀的是夏淑吉和夏完淳姐弟。夏氏姐弟自幼锦衣玉食，才貌为人所艳称，但后来命运之不幸，又非常人所堪。夏淑吉自成婚后，就迭遭不幸，一直在面对各种各样的死亡。先是丈夫侯玄洵病亡，接着是父亲投水自尽，后来公公、弟弟被杀，祖母和庶姑（岐曾之妾）自杀，最后连唯一的精神支柱独子侯檠也未能保住，遭逢之惨达到了极点。在诸多的灾难面前，她表现出了罕见的冷静和担当。夏完淳的刚烈，更是给我留下了深刻的印象。我决心要给他们立传。

社会的变化对世道人心的影响是巨大的，人不可能选择历史，也没有谁能完全超越自己的时代。这种影响既见诸士人阶层，也见诸底层民众。不论是在早年参加过直言社、深受侯岐曾思想影响的家庭教师陆元辅身上，还是在侯氏家仆的身上，都有世易时移、人心变化的痕迹。考察这两类人，对我们理解当时社会上大多数人的心态变化，认识历史转折中这一看不见的过程，是有参考意义的。

最后，关于材料的收集与处理，需要做一点说明。

由于日记书写的私人性，侯岐曾对许多事只是点到为止，不作解释，今天理解起来常常比较困难。为了完全读懂它，我前后花费了不少精力。比如对家庭成员和仆人的称呼，常常一个人会出现多个名字——其出家的侄媳与儿媳，法名前后也有变化。朋友之间为了保密，从顺治三年开始，互通书信时都更换了名字，但有的却没说明是谁。《明清上海稀见文献五种》出版后，学术界曾有人写文章引用过这部日记，明显看出有些人物关系就被搞错了。另外，对当时有些地方政策，要弄清楚也很费精力。我之所以曾想对这部日记做笺证，目的就是想理清里面的人物、事件和个别典故，以方便读者理解。

另一个困难是，侯氏家族文献散失严重。据张云章回忆，侯开国曾对家中五世文献进行了编辑整理，但因家贫未能付梓，最后都散失了。侯氏在清初的特殊身份，使当时人的著作也不敢多提及。如吴伟业《梅村诗话》提到侯玄瀞时，只举法名，并说是"故练川大家子"。这对我们今天了解这个家族和他们的遭遇，造成了不少困难。侯氏著作留存至今的只有侯玄汸的《月蝉笔露》和侯开国的《凤阿集》，跟他们关系较近的陆元辅和张云章，虽然也保留了一些可贵的资料，但更多的细节还需从零散的地方文献和一些材料的字里行间去挖掘。当然，坚持不懈的搜求，有时候是会有回报的。比如，通过偶然的渠道，我找到了新发现的《嫪城龚氏族谱》，查到了侯岐曾三女儿的传记和其夫家的重要材料，她的丈夫龚元侃字得和，在日记中曾多次被提及。

第三个困难是相关文献依据传闻较多，舛误不少，需要花大力气辨别后才能使用。今天重读历史，我们会发现，由于时代隔膜，加上侯氏后世乏人，清初发生的一些事情，到了清末，相关记述就已经模棱两可了。这对我当然也是挑战。

本书原计划还有一个话题要写，是关于侯岐曾在日记中提到的"读书雪恨"的问题。但是限于时间和精力，我最后决定放弃了。新的材料随时还会发现，我知道修订将是个漫长的过程。其中许多不尽如人意的地方，也随时等待着行家的批评。

周绚隆
2018年12月31日晚10时

# 目 录

**孤臣碧血遗民泪**
——读《侯岐曾日记》……………………001

**谁不誓捐躯　杀身良不易**
——士人的生死选择………………………075

**彩云散后空凭吊**
——闺阁膺世变……………………………107

**王谢雕梁事已非**
——膏粱悲飘蓬……………………………131

**避秦无计矢报仇**
——烈士夏完淳……………………………159

**此生只合老书帷**
——塾师陆元辅·················· 195

**失侣青春首似蓬**
——寂寞夏淑吉·················· 229

**义仆与恶仆**·················· 245

附录：侯氏家族成员信息简表·········· 261
参考书目······················ 266
修订后记······················ 269

# 孤臣碧血遗民泪
## ——读《侯岐曾日记》

丙戌（顺治三年，1646）正月初五日，《侯岐曾日记》写道："予自遭家国奇变，判年于兹，勿复问人间世矣。"

历史剧变不可避免地会给亲历者身心造成多方面的影响。大难初平的侯岐曾，在乱后苟活的日子里，除了面对亲人丧亡的伤痛、官府盘剥的折磨和对光复消息久盼不至的失望与忧惧外，局势变化对家庭亲情和社会环境造成的冲击，也常常让他内心难以平静。

# 侯氏世系表

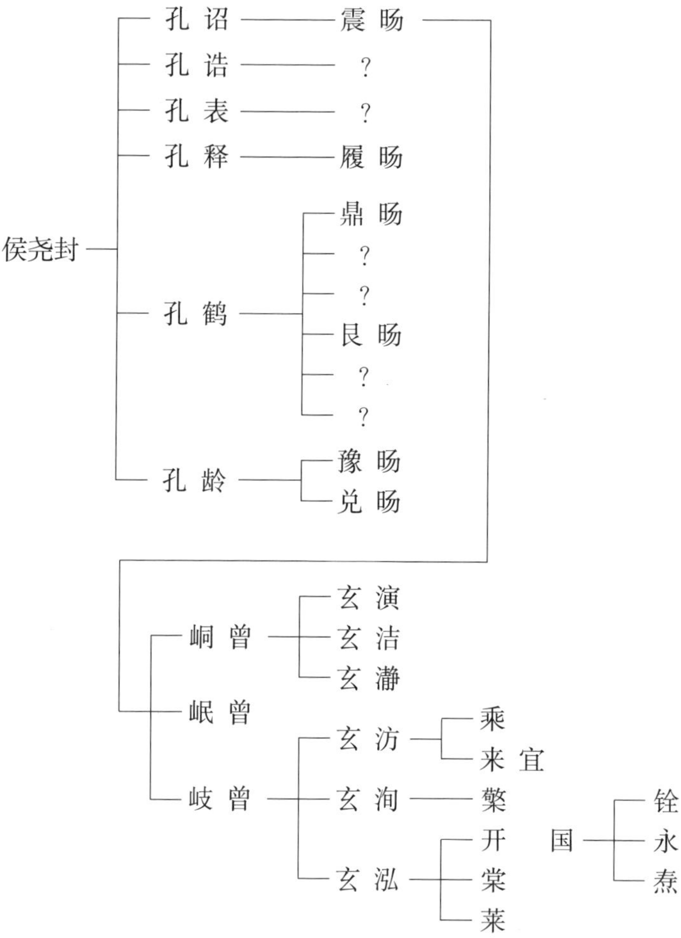

```
侯尧封 ─┬─ 孔诏 ──── 震旸
        ├─ 孔诰 ──── ?
        ├─ 孔表 ──── ?
        ├─ 孔释 ──── 履旸
        ├─ 孔鹤 ─┬─ 鼎旸
        │        ├─ ?
        │        ├─ ?
        │        ├─ 艮旸
        │        ├─ ?
        │        └─ ?
        ├─ 孔龄 ─┬─ 豫旸
        │        └─ 兑旸
        ├─ 峒曾 ─┬─ 玄演
        │        ├─ 玄洁
        │        └─ 玄瀞
        ├─ 岷曾
        └─ 岐曾 ─┬─ 玄汸 ─┬─ 乘
                 │         └─ 来宜
                 ├─ 玄洵 ──── 檠
                 └─ 玄泓 ─┬─ 开
                          ├─ 棠  国 ─┬─ 铨
                          └─ 莱       ├─ 永
                                      └─ 焘
```

◎ 明侯文节先生丙戌日记（正月初一日始三月廿九日止 后学邵士洙敬题）

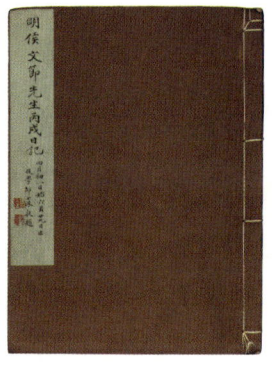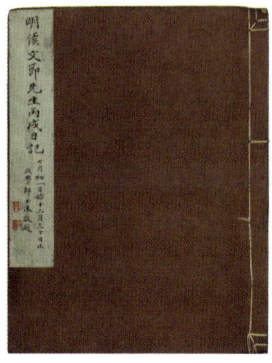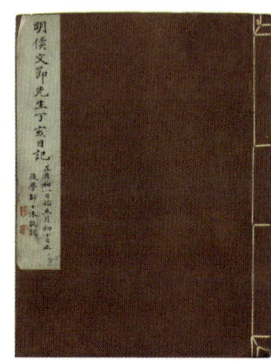

⊙ 侯岐曾日记

明朝亡国,分两个阶段,性质也略有不同。北都之亡,亡于李自成农民军之手;南都之亡,亡于清兵之手。清人入主中原,一开始在北方并没有遇到太大的抵抗,故而一路挥师南下,势如破竹,但在江东南却遭遇了意想不到的抗拒。不过抵抗者没有统一领导,且缺乏必要的训练,面对训练有素且装备精良的武装入侵者,虽然英勇抗击,最后都以失败告终。

民众的抵抗招来了征服者残酷的报复,对抵抗最激烈的扬州、江阴、嘉定等城市,攻克之后都下令屠城。这在历史亲历者的心中,形成了挥之不去的梦魇,即使在清初文禁森严的背景下,也有不少文字流传了下来,比如王秀楚的《扬州十日记》、韩菼的《江阴城守纪》、许重熙的《江阴城守后纪》、朱子素的《嘉定屠城纪略》和无名氏的《研堂见闻杂录》《吴城日记》等，为后人了解这一段历史提供了重要的材料。

嘉定的正式抵抗是顺治二年（乙酉，1645）七月初四日结束的。城破以后，守城的主要领导人，前明弘光朝通政司左通政侯峒曾和进士黄淳耀均以身殉，从死者甚众，其中就有侯峒曾的两个儿子侯玄演、侯玄洁和黄淳耀的弟弟黄渊耀。这次守城的前后经过，《嘉定屠城纪略》记载甚详，而相关的正史对这些战事往往一笔带过，只记了一些主要人物的名字。

历来史家只重视对重大事件的著录和重要人物的介绍，平凡的生命在多数人笔下都被压缩成了数字，更多的时候甚至都进不了统计数字中。所以，当事人的个人记述对于补充历史的细节，还原历史现场，弥补正史记载的不足，就显得弥足珍贵。在这个意义上，侯峒曾胞弟的《侯岐曾日记》，可以说接续了《嘉定屠城纪略》的书写，而其现场的真实感和内容的丰富性要远远高于后者。它从私人的立场，以一个家族的遭遇，向我们展示了易代之际江南社会的变化和遗民的复杂心态，以及新政权建立之初在政策制定和执行上的随意性，和其对下级官吏约束的失控。后两点，在某种程度上

⊙ 叶池旧影（摄于20世纪30年代）侯峒曾父子投水处，门柱联云：遗恨在清池，碧血寒漪溶一片；捐生完大节，忠臣孝子各千秋。

⊙ 上海嘉定区二黄先生（黄淳耀、黄渊耀）墓

又加剧了遗民对新政权的疏离。

嘉定县在明代属南直隶苏州府管辖。侯氏祖上本姓杨，宋代自燕北南迁，世居嘉定诸翟。其远祖道升因表兄侯守常无子，且年岁倍长，被抚为嗣，由此得袭上谷侯氏之名。道升累传至尧封，于隆庆五年（1571）成进士，官至监察御史，迁福建参政。其族遂显。尧封孙震旸，万历三十八年（1610）成进士，官吏科给事中，有直声。震旸育有三子：峒曾、岷曾、岐曾。其中峒曾、岷曾为孪生，兄弟三人少负才名，时有"江南三凤"之誉。但岷曾不寿，二十一岁未婚而亡。峒曾于天启五年（1625）成进士，初授南京兵部主

事,后出为江西提学参议,累迁嘉湖道左参政。弘光时,召为通政司左通政,未赴。岐曾则蹭蹬场屋二十年,仅得为国子监生。峒曾、岐曾各有三子,峒曾子玄演(字几道)、玄洁(字云俱)、玄瀞(字智含),岐曾子玄汸(字记原)、玄泂(字文中)、玄泓(后更名涵,字研德),皆夙承家学,世有"上谷六龙"之目。

顺治二年闰六月,嘉定守城战打响以后,侯峒曾率二子入城负责防务,岐曾则奉母及家人乡居避兵。城破以后,他曾带着家人至松江府避难月馀。据侯玄汸《月蝉笔露》说:"乙酉之变,奔云间逾月而返。"事定以后,家人次第返回,

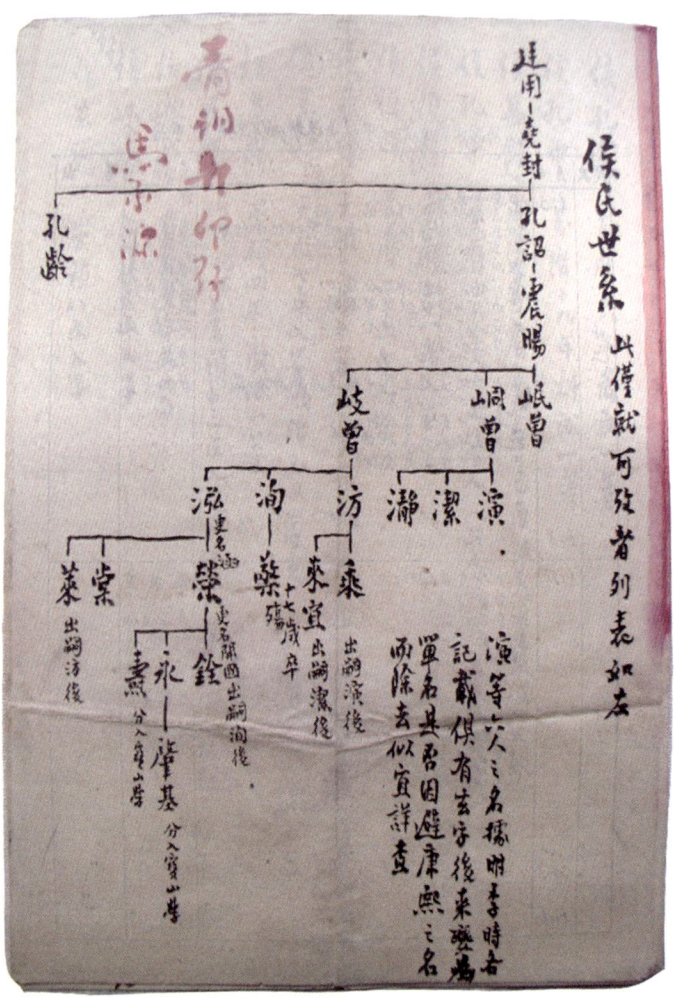

⊙ 马承源绘侯氏世系表

⊙ 侯震旸像

⊙ 侯峒曾像

⊙ 侯岐曾像

分寄于诸翟各庄。侯岐曾亦从此隐身乡间，断绝寻常往来。经过数月的舐血疗伤，从顺治三年丙戌（1646）正月初一开始，他以日记的形式不间断地记录下了自己每天的经历。对于写日记的初衷，他在《自序》中有明确交代：

> 乙酉以前，予止有出书稿，诗文、杂撰，附入其中。乙酉以后，家遭覆荡，身陷□□。其间岁时阅历，都非耳目恒遘，为宜札记，以备后人稽考。且前此世务倥偬，日不暇给，今则坐卧斗室，翻幸流光多暇，犹得与笔墨作侣也。日纪断自丙戌为始，称"丙戌"者，亦犹义熙以后，止纪甲子云耳。……执笔为新天子纪年，敬俟南都克复之后。

乙酉以前,予止有出書稿。詩文雜撰附入其中。乙酉以后,家遭慘蕩身瀕。遺蒿宜劃記以俟后人稽攷,且前此出務倥傯日不暇給,今其間歲時閱歷都非耳目恒。則坐卧斗室翻幸源兄多暇,稍得與筆墨作侶也。日紀新有丙戌為始,稍而戌者無擴義與,以后止紀甲子。云耳,所聞浙義師齋奮, 隆武恩詔猶須兩干戈阻絶遠,未可為據也執筆為新天子紀年敬候,南都克復之后。

丙戌季春晦日半生道人識
時書內作遷署法名廣維、
又姓易名之。

义熙为东晋安帝司马德宗年号。义熙以后，刘裕篡位，陶渊明誓不与其合作，其诗文纪年止书甲子，不用年号。侯岐曾借此明志，以遗民自誓。《日记》起自丙戌正月，终于丁亥（顺治四年，1647）五月初十。次日他因藏匿陈子龙连染被逮，十四日被杀于松江。

这部《日记》除记录自己的日常起居、家人的应酬往来，以及与官府的交涉、密友的私会外，还保留了许多书信的底稿，使我们对许多事件的前因后果有了比较全面的了解。

一

从《日记》中可以看出，惊魂初定的侯岐曾，自觉地承担起了奉母抚孤的责任。正月二十八日是他的生日，这天他在《日记》中感慨："痛念予同母六人，庶妹一人，昨岁犹存其三。忽遭邑难，吾兄吾妹同日沉渊，今孑然惟吾在耳。于吾君则为残黎，于吾亲则为遗种，敢不勉留仰事俯育之身，冀睹少康、光武之事。"侯震旸有女四人，分别嫁给了丁汝翰、须世征、张肇楫、金德开。明朝覆亡前，只有最小的女儿金侯氏尚在世，嘉定城破之前，她回到城里侯氏府中，与长兄一同投水自尽。在二月二十二日给表弟杨廷枢的信中，侯岐曾向其表白心迹："奉母母在，保孤孤全，此或忍死之身可为吾弟告者。"给王瑞国（字子彦，太仓人，王世贞弟世懋孙）信中亦云："伍大夫流离脱祸，孔文举亦不轻徇兄。彼其苟全，良自有为。"四月初三给亲家顾咸正（字端木，号弦斋）的信中则直言："至弟生趣已尽，止为侍母全孤，留此残生。"

侯岐曾深知，这个家庭再也承受不起意外的打击了，所以行事格外小心。日常生活中，他几乎谢绝了一切应酬。正月二十七日老友苏渊（字眉声）来访，他"概谢剥啄，直辞去"。二十八日徐时勉（字克勤）、陆敏行（字逊修）相访，亦"并名柬却返"。二月初七，徐时勉、张鸿磐（字子石）再访，"再辞之"。直到十一日，才因母亲"传谕勿蹈不恭"，而给诸人回信致谢。正月十七日，他还给在城中与官府斡旋的仆人朱国俊写信，告诉他："要说我真病真危，即日呜呼哀哉。此语务使官府闻之。吃紧！吃紧！吃紧！"三月十六日给朱大经（字经甫）的信中说他居处"荒江斗室，即家人不使知之"。这基本是实情。次日给长子侯玄汸的信中又提醒："国俊谓吾家出入，须防耳目。"十九日给许自俊（字子位）的信中也说："弟往来无定所，所至阖户养疴，家人都不使知。"为了避免朋友误会,三月二十五日,他不得不令长子侯玄泛"遍觅克勤、子石、佑公(按,陆其贤),为言我必不能破揖客之戒"。关于这样做的原因,他在二月二十二日给杨廷枢的信中解释说:"吾家祸重如山,时时恐蹈危机。处境微异,敛迹略同,总非'乱离'两字足以概之。"

本年六月二十六日,峒曾夫人李氏突然病故,城中亲旧欲相约赴吊,他也一概辞谢,其中一个理由就是"诛求日甚,藏迹恐不深,吊唁相及,颇关耳目"(七月十三日日记)。七月十三日给沈皇玉(字玉汝)的信中,他形容自己是"以惊弦之鸟,迹类处堂之燕"。十月初三,在给张采的信中,更明确地说:

> 当此之时,一二懿亲契友,惟以废绝往来为真往来,此乙酉七月四日以后自盟然也。比来尚有以太平物色施及寒庐者,弟几欲挥刀相向,宁可做一场人命耳。至今年六月,复遭先嫂恭人之变,弟保孤之责愈重矣,而诛求之累亦愈惨。

为了隐迹,也为了保密,从顺治元年秋开始,个别至交之间暗通往来,除了严防耳目外,还普遍采取改易姓名的办

⊙ 顺治三年二月二十二日日记，记录了给杨廷枢的信，谈及自己的心态和处境

法。顺治三年正月十三日记云:

> 端哥原名完淳,今易明炤。先是瑗公侬予虬江陈房,已改姓黄,名志华。时惟恐声迹少露,朝夕密通往来,止裁竹纸一小幅,缄题必呼"黄老"。予则久号"半生主人"矣。遭变来,道义至交远近略尽。其仅存者,俱改易姓名,如张采为山衣道人,姚宗典为虞文身,杨廷枢为庄复。

二月初一,他又"更姓易,名之。'杨'为本姓,今从旁;'之'连上读,义取屡迁。易□而□,又有厚望焉。侄云:'易从日月,更是光复之兆。'"顺治四年四月二十六日,陈子龙逃亡至嘉定,在设法安置保护的同时,为了联络时保密,二十七日起呼其为"车公"(因其号"轶符"),负责接待的仆人侯驯则呼为"川马"。五月初二日给陈子龙信的末尾则嘱其"有报章约尔后相通,姓从妫,名从瓠,字大樽"。除了这些有具体说明的外,在实际书信往来中,还有一些称呼,也仅限于在小范围内使用。如姚宗典(字文初)又称虞废文,书信中多次提到的"废老"即是此人,杨廷枢(字维斗)又称中道人等。

十二日夜读韩柳。盖痛无刻藏之体如巢如窝围苦不堪。频惊魆生之果。我全民谓师莽已更姓逄矬之徒。若此子美于俊芝。不能举半刻谭麈。

十三夜来坐痛鱼桂。属有天事。谓师别去。更姓逄。默如出予就雨顶至家看书一幅。付之纸束。复议教亭勖以忠孝大节。郑见晤敬一念。羲舍馀拾金勿复计偿。仿饱舫蹈亭不能出隐。汉归时。瑞正作别矣。欲到搉复没。以迎佛入城。故复屋俟雨日。澋乡。原名完淳。今易明焓先是。渡多振手机江陈房。已改姓名。志华。时惟恐速少需朝夕鉴。道佳彖止。羲行纸一小幅藏题。必毕实乞。亭则久羊半生主人矣。遣。云来道义至爰远。近时。画其徑居志俱汐易姓名。必隐某房。山辰道人姚宗吴曾。唐虞文身。扬连。徙房蒋。复入海。诸贤始憙。后绝。惟

○ 顺治三年正月十三日日记，记录了遗民为安全而变易姓名的情况

## 二

侯岐曾以仰事俯育为己任，想以戴发之身隐迹乡间。但其家为本邑望族，声名久著于外，且胞兄因殉城又为敌于新朝，所以清政权在地方的行政机构建立起来后，他们毫不意外地成了被打击的对象。他撑拄其间，勉力应对，身心俱疲。首先要面对的，就是官方对侯峒曾守城案的处理。前朝忠臣，即新朝的罪人。籍没家产和追缴租税，是他不得不全力应对的问题，这关系着全家数十口人未来的生计。顺治二年二月二十二日他给申绍芳（字维烈，号青门）写信说："自冬春之交，叠奉抚院籍没两檄。"同日给杨廷枢的信中又说："始而李督追租，既而土抚籍产，日异月新，朝更夕改。乃今皮穿骨尽，翻似习为固然。"

此时清政权正在江南和两湖用兵，前线供应非常紧张。顺治二年冬天，湖南前线曾出现过军队"数月无饷，枵腹难堪"（《江南总督内院大学士洪承畴题本》，《明清史料·甲编》第二本第一三八页）的情况。作为总督江南军务的洪承畴，身兼招抚地方和督理粮饷之责，却对湖南的危急无力相助。他在给朝廷的题本中写道：

江南新经归附，各府俱驻有提督、总兵，官兵日支本折钱粮，所费甚多。江宁又有满汉大兵，所用折色银两与粮料、草束，无不催派于各府，臣等昼夜催办，心力竭尽，势不能再有馀饷可以分应楚中。

从这份题本反映的情况看，为部队筹措粮饷，乃当时各级政府的头等大事。而大乱之后，地方残破，民生凋敝，征粮的主要对象，自然要选世家大族，以负固抗命开罪于新朝的侯氏，更无幸免的理由。

清政府入关之初，在北方进兵比较顺利，以致对江南的形势明显估计不足，在政策制定上表现出了较大的随意性（魏斐德的《洪业——清朝开国史》对此有详细的讨论）。其中最明显的就是攻占南京以后，由于对局势过于乐观，急切地推行剃发令，激起了江南民众的强烈反抗，经过多次血腥的屠戮，才控制住了局面。另外，对于新收复的地区，如何处理参与过抵抗的人，朝廷似乎并没有制定出统一的政策，颁布明确的法令（笔者为此查阅了相关文献，也请教过一些清史专家，都没有发现相关的政策文本）。这无疑给基层政府处理此类问题提供了较大的伸缩空间，同时也给各层官吏借机敲诈大开了方便之门。

这种政策上的模糊性，侯岐曾当然也知道，他的应对之策是分别行贿督抚和县令，同时打点一些重要的胥吏，希望借助他们之手把处罚尽量减轻。顺治三年正月十一日给朱子功的信中说："抚檄不过求益耳，何须复弄此机关耶！邑主处已有所进，即蒙批付诸房，许再申请。食言不肥，或者免夫。然必得贤昆与上边讲定，庶下边便于举事。切祷！切祷！"时任江宁巡抚的是土国宝，山西大同人，原为明朝总兵，顺治元年降清后以原官录用，随军渡江，平定了江南苏州、松江等地，被破格升用为江宁巡抚。此人行伍出身，生性残暴贪酷。顺治八年（1651）因"贪酷病民"被议处，畏罪自尽。任吴淞总兵的李成栋本为李自成部将，后随高杰降明，又降清，随清军平定江南，颇多战功。但生性残忍，江阴屠城、嘉定屠城皆其所为。后因不满清廷封授，降南明永历政权，兵败而死。任嘉定县令的杨之赋系"东林六君子"之一杨涟的第三子❶，为湖北应山县人，明朝贡生，从《日记》记述的情况看，此人亦极其猥琐贪婪。这封信的收信人朱子功，是侯岐曾比较信赖的中间人，其兄与巡抚衙门一冯

---

❶ 钱谦益：《都察院左副都御史加赠太子太保谥忠烈杨公墓志铭》，《初学记》卷五〇，《钱牧斋全集》（贰），上海古籍出版社二〇〇三年版，第一二六八页。又，杨涟长子杨之易之子杨苞，入清后亦任松江海防同知。吴胜兆反正时，杨苞不从，被杀。

⊙ 顺治三年正月十一日日记，记录了答女婿龚得和信与寄朱子功信姓胥吏关系比较密切。从信的内容看，侯岐曾最初判定巡抚所下的籍没之檄，其实是向他进一步索贿的信号，同时他也通知朱子功，对县令杨之赋已做了打点，故希望通过其兄进一步做好巡抚的工作，希望能够上下联手，免除籍没。但是他这次显然打错了算盘，也看错了对象。他的行贿，最终被证明无异于肉包子打狗，非但未达到目的，反而吊起了对方贪婪的胃口，给自己带来了无穷的麻烦。此后近一年半的时间里，他几乎每日都在设法筹钱，上下打点，最终并没有免于被籍没的厄运。

从前后文字看，在《日记》开始记录前，他们的行贿其实已经持续了一段时间。对象当然并不只是巡抚和县令，还有吴淞总兵李成栋。正月十四日记云："朱俊携文侯（按，侯鼎旸，侯孔鹤子）书至，知督府恶缘欲了未了，吾母为之烦乱。"于是次日他不得不"促侄速至，商都督处善后事宜"。十六日即遣老仆管科和朱俊前往吴淞。同日给许自俊去信，商及斥产（卖地）之事，并表达了对未来的担忧："督府一案，触之多变，引之愈长。芮（蚋）蜂有毒，何况虎豺，将来恐不止于劫财而已。"

不断的打点很快使资金出现了紧迫。从正月二十三日即不得不遣家人朱国俊向太仓告急，并于二十六日借得王瑞国三百两银子，二十八日即交付老仆管科拿去"献赆"。二十六日，他第一次卖掉了十七亩田地（《日记》云，此"当为斥产始事"），此后《日记》中就不断有关于"斥产"的记载。在五月二十三日给内侄张懿实（字德符）的信中，他说"迩日寒家八口幸而苟存，只为此时尚有产可斥耳，然亦难言之"。除了籍没和追租两项未定的支出外，新的征讨名目一直在不断增加。二月初三，"管科说军属诬告各家占荡，又添一费。又催输粮甚紧"。类似的征索后面还不断出现，难以一一列举。

主动的行贿姑且不论，还有来自各方的敲诈和需索，完全是赤裸裸的。前云县令处贿赂已进，但其实并未能满其意，故于二月初二提出必欲"取盈"（要凑足整数）。同邑沈宏之（字茂之），崇祯末曾为冯铨幕宾，入清后入土国宝幕，此时亦借籍没为由，公然索贿，通过身边人传语："不敢奢望，只以一年租事相酬足矣。"（三月初七）侯岐曾闻讯叹道："租事，谓每亩伍钱也。纵使幸而获济，立斥产应之，千金装亦难卒办，况必不济乎？然而事势至急，难于坐待。"经过一番商议，侯氏许以五百两之数，且以"杯铛数件"、侯"母钗环四事"为礼相报（初八日）。次日"知沈处立议，半千之外，又须益贰"，明确要七百两。三月十八日，增處傷不知雜今，向感傷更甚他。相約禮佛大悲我佺一金相眈兩嬸民寄任金至姑徐散還作龍啓修陳園三字管科五世侵還糧惫索辭練產查初六營料非晚養～正在城頭三遺朱之作羊舍舍兩托晚。羊文侯兩拌至甜飲就宿。初七兩日方習債陰已開陰然青天霹靂雨復淙淙矣異甚。兩拌來舟不堪易一舟別去晚的頃月雨仍回者為菴～已入郡仍圖赴彼挽回耳三居民助田竣還蕘非參千春的。兩～数石復與查家關舍半證異我。邸五賣善役專房地接脾五至上佐裏兩中佐春冬陸陰下佐春兩蓁陰。萬、不能睇其自然而茂～對兩親之不敢奢望只以一年沈曾许诺将"缓颊于涿州、虞山两相公",其中"涿州"指时任弘文院大学士兼礼部尚书的冯铨,"虞山"指时任礼部右侍郎的钱谦益。这种口头的承诺虽然并没有兑现,但对那七百两之数沈宏之始终没有忘记。五月三十日,他派女婿上门索要这笔费用,使侯岐曾连叹"异哉!异哉!"并采取了半推半就的态度,"推者,彼实无勋;就者,防其肆螫"。关于取租一事,李成栋原牌所批为"征七免三"。但五月十一日,巡抚土国宝忽发新檄,要"追索全租"。三十日,"李督到县,飞票责取全租",经承书吏只好以原牌所批据实相告,提督一时无话可说。但第二天,老仆管科即拿着提督的三张飞票,来说"张胥迫我行贿于督府"。

尽管侯氏费尽周折,籍没却仍然不能幸免。二月初四,有巡抚胥吏传语:"田房变价,近已奉旨,不便下边挽回矣。"闻讯后他给侄子侯玄瀞写信说:"到底不脱籍没,从前心力尽付东流,不待言矣。"次日给三子玄泓又说:"籍没究竟不免,……黏天波浪,未知所底。回思瑗❶公一步紧一步之语,可为寒心。兴作明知太早,今又不能议辍,奈何?奈何?"前期的努力不但没有奏效,既虚掷金钱无算,又让各级衙门

---

❶ 瑗公,日记稿作"缓公",即夏允彝,夏允彝号瑗公。后不再注。

看透了他们急于免祸的惶遽心理，从而使自己在进退两难的尴尬境地越陷越深。在给申绍芳的信中，他说："中外关合，难可挽回，想主者未便明言耳。"

籍没之信是二月初十正式传来的。按照官府的说法，要先报田产，再报房产。当日"主者恐喝之言，无所不至。赇已献而未收，其意可知"。三月初七，官府勘田结束，初报应征田价为三千一百两。初十，典史闵有义带人勘房，十四日批出应收房价为三千六百两。次日侯岐曾给女婿顾天逵信中忍不住感叹道："寒家祸患日深一日，从此遂有饥寒之虑。"为了给全家未来留点生路，他不得不采取措施，通过与闵有义周旋，设法瞒报和藏匿一些田产和房屋。二十二日《日记》中有这样一段文字，可以说明当时情形："张玄至，说汪房暗报事。付与朱子功一札，谢其兄弟之勤勋，兼嘱周旋于闵尉。"同时，也试着讨价还价："宅既不得自主，装修尚可容载出否？"

巨额的罚没之数，让侯岐曾感到身入涸泽，愁苦难言，在给王瑞国的信中说："自籍令一下，惟与貌孤痛哭相对，从此枯鱼之肆矣！"进退维谷之际，他只能一条路走到底，一面继续分头打点，一面托人说情，试图通过做官府的工作，使籍没之事有所转寰。前面提到的沈宏之索贿事，就发敛来旋些将同刻，予雨催汪氏一小舟裂风招荡犹不肯渡，薄莫风稍止抵家搭楼姚舟之宿于搭，昨未亡人出文敛之集中归烈妇传四千字，是日又见文禄送女绝句卅首。

十七午後抵西郊，文禄乔梓灯下就小楼命柳遂荀作寓遣李舟明发先送县终于旦夕多进。

十八文禄些毛主砚枉一萬，竟夕风雨。

十九文禄颜通信说江乔风雨不果些荇荂苓舍于辞诗缠符浮和荗昭相继至，商向隆事宜先者出捲荅希宽沈荗上人争勧為婚姻王是相商且止不稱安于羲直限于力耳。

用叟推步是日清明明晨則在一等不及坐祭矣

生在这样的背景下。侯岐曾的努力不能说没有发挥作用，但也只是把结案的时间推迟了，中间使费的增加则是他所没有料想到的。

第一次可能的转机出现在顺治三年二月中旬，这次出手相助的是侯玄演的岳丈姚宗典。姚宗典与时任嘉定知县杨之赋熟识。他于十四日至龙江，十六日入城，十七日傍晚县令即接受了侯氏的贿金，十八日他又与县令酬酢一番，二十日再裁书县令（宜有进一步嘱托），二十二日"邑宰回函已发"，二十三日即起行还家，临行前被侯岐曾"再嘱留邑主一函"。姚宗典的斡旋固然不可能改变籍没侯产的决定，但至少使索贿必欲"取盈"的县令，暂时放缓了对侯家的压迫。侯岐曾二十五日给玄瀞的信中说，姚宗典这次来的效果："其最易见者，收告示、寝关说两件。"给杨廷枢的信中，他也满怀感激地说："若非虞兄只手护持，其能续二十口如丝之命乎？"

第二次转机出现在四月初。三月初八，在给抚院和沈宏之分别进贡的同时，侯岐曾递了一份陈情的呈稿，后改为士民公呈。到四月初二，接朱茂昭来信云公呈已批发。初四，"管科传士抚批呈，遂有'免变'二字"。至此，江宁巡抚衙门关于取租、籍没之令，似已被一并收回。十九日在给杨廷枢的信中,他说:"屡屡虩虩,一丝九鼎,幸而得全于籍令(按,籍没令),兼得全于髡令(按,剃发令)。"五月二十五日信中又说:"亩租、籍没二令并下,支吾数月,幸得二令俱收。"接到巡抚的批呈,为防督府衙门从中作梗,四月十二日他亲自拜访了许自俊,"为防吴淞后患,再致丁宁"。另外,为了事态尽快平息,还得抓紧讨得县里的回文。十四日,诸友人为替侯家说情,"拉庠友谒杨令,几及百辈"。然而好景不长,四月二十七日嘉定城中发生叛乱,不久杨之赋离任。在离开前,他没有放过侯家。五月十九日,通过张姓胥役传话:"侯家事,乘我在此,包它申文干净,但须助我行赀。"侯岐曾与母相商,"恐它日起炉作灶,转贻后悔",便"再检斥产银半佰",授管科送交。但二十一日清晨,"管科叩门,道昨所囊金,大不满乞儿之意。对胥役云:'这送你们也不够。'又亲对管科云:'你家事大,若付掌印手,最少千金。今吾已荡尽,前日汝家送我的,俱化为乌有了。此时随分金犀等器物,皆可助我用。难道我要与你家完局,你家反不理会?只索抛去便了。'"没有办法,侯岐曾只得与长子各竭所有,并将寡媳夏淑吉给其孤子侯檠所存的婚礼聘金一并充用。二十三日午后,朱国俊"自城奔至,道乞儿无厌已极,赂已收而复加,其声尚尔嗃嗃"。二十四日,县中申勃鬱偉江上相迎即告姓以故邀得和來与訂明日徃江橋蓋為雨郡告德蔣王萱云有梅竹一匣可以潜隱其直止六十金然亦非吾力所及姑托得永一者視耳連日㴱菁鐅藝雲雷時作遶無快雨中宵雨好卻然亦不及

朝

廿咋菁少雷雨個君起驕陽如初浮如至付德芹一札勢且以同來為約至午後甘霖怒大廚及菁未止可三寸餘家人相對蔌、有生氣只怨說江一棹飄泊中金乃竟否然

廿一曉夢未醒管科叩門道拚何囊金夫不滿足兒之意對香段云這這你們也不聲又覿對管科云你家事大若付

⊙ 順治三年五月二十一日日記（1），老僕管科報告了知縣楊之賦公開索賄的言語

掌印和最少千金今亦已兰㔶盡前日汝家送我的俱化為烏有了此時隨多金犀等䓁物皆可以我用雖道我要些你家完局你家反不理會只索抛去便了予以見同習慣都無笑罵諆諆之㕑兒各窩河者又洋净雲䑓所云曾次自覺浩然而未之㤥然于后此之萬不可㴑也以封聫斡竭力𠆲一譁些圗後㥯般同着拖搞星驗些學力之難此事終娄付詵江舟已抵白樓河中逢果遇兩咋荟捿寄粮背極笑後于恭壽同入小舟雷雨復大作粹無逰壽衣㑃寸濕粮背正如昨而翻以韋手拳之同㗊也抵蕙寧雨稍止吾易衣㑃些翼玊夜的雨遂女清菊豊浜西月六于星日到

⊙ 顺治三年五月二十一日日记（2），老仆管科报告了知县杨之赋公开索贿的言语文终于批出，但因知县欲壑未满，批的是"照详"（按申文详细查勘），而非"照验"（按申文简单验证），还是留了点尾巴。至此，数月努力似乎没有白费，他也终于好像能松口气了。

无奈事不遂愿，仅仅过了几天，到六月初九，朱茂昭从苏州赶回，即通知说"批详有异"。紧接着，便接到县中的传票，"产、租两案，俱十分严切，又绝不顾前批'免变'二字矣"，这令侯岐曾异常惊骇。此后督府即严加追逼，威胁再迟交付，即要捉拿家属。形势急迫，为解燃眉，他只能设法求其缓催。经过多方吁求，到十九日，管科从城中回来，"说督府暂尔支吾，许宽限一月，然又费多金矣"。接着催租令下，差人上门，初定双日一比，后改二、八日一比，就连衙门吏胥也劝他们不要再试图吁免，省得浪费金钱。其时"取租未已，粮务又急"（七月初二），"租、粮二者，署官皆亲比严拿，万分无姑缓理"。所以，他决定与孤侄"倒囊完全租，斩此一结"。此时唯一的希望是能够在租额中抵扣粮银，尽量减轻负担，但也未能如愿。二十七日，管科来说"署令钱粮一日一比，本家尚悬贰佰，责偿须臾，几于手足无措矣"。这期间，除了追逼钱粮外，"诛求之令不一而足，如察附郭地，察军荡田，有专官坐邑"督促，另外还有散甲费和摊派的人参索费（此容后叙）。八月初七，仆人朱国俊抆泪手禀，凡"新旧粮、散甲、附郭诸要节，数日内必得数百金，而籍没之费不与焉"。明代规定凡秀才以上的乡官士绅均不纳粮当差（根据级别减免的额度不同）。顺治二年四月二十六日，为了抑制故明绅衿，朝廷下令将前代乡官监生等名色，全部革除。"一应地丁钱粮，杂泛差役，与民一体均当。朦胧冒免者治以重罪"。《日记》中提到的粮务和承差之事，应即发生在这种背景下。

在万般无奈的情况下，八月初八日，夏完淳决定出手相助，代其向李雯（字舒章）求情，飞笔写下了那篇情文并茂的《与李舒章求宽侯氏书》。李雯为松江府华亭县人，早岁入几社，与陈子龙、夏允彝等为至交，入清后任弘文院中书舍人，此时还乡葬父，正在华亭。夏完淳信中说清廷"其于死国，并许承家。一见金台之令，再有石城之移。岂意桀犬必诛，殷顽不赦。……乃执事者称奉密旨"。又说侯氏"两奉移文，俱遵免变。朝三暮四，昨是今非。昔何为而蠲末，今何道而苛严"，地方政府"胥吏之徒贿赂为政，朱提充橐"。以上都是有实指的。李雯接信后不仅"发书流涕，许必援手"，而且三天后即派其弟李霎和蔡谦（字服万）来到嘉定，看望了侯岐曾一家。这对侯氏一家多少算是个安慰。由于李雯的关说，十九日"知媚灶（按，找有权力的人活动运作）得力"，租事"已停征矣"。

但侯岐曾知道，凭着已有的经验，停征并不等于免征。所以这期间，他还曾试图求助于钱谦益。钱谦益于本年六月以疾乞假，朝廷准其驰驿回籍（常熟）。他与江宁巡抚土国宝有一定交往（《牧斋集外诗》中，有《赠土开府诞日》三首，即为给土国宝祝寿作）。十一月十一日，与钱谦益关系密切的张鸿磐从苏州回信，说钱谦益虽然"到处用情，但一呈不便手致。然其微意，亦谓守城殉节者籍，乃彼中画一之法。此呈虽进，未必肯批行耳"。

这期间，县中情形稍有变化。县令杨之赋去职，继任者唐瑾为河南光州人，顺治三年进士。《光绪嘉定县志》后来将其列入"名宦"，并云其到任后抚循流亡，"遇士大夫有礼"，有善政。这在《日记》中也有一定的反映。他对前朝忠臣表示出了尊重的态度，让侯岐曾紧张的心情有了一定的纾解。当然，这里边也有钱谦益说情的作用（十月十七日日记云："管科自城来，说衙门人述虞山与署印方相接时，致嘱侯、黄甚力。"）。十一月初八，新任县令发出告示，提出要"防忠裔之鱼肉"，其中还有称侯岐曾为"宦族名士"等语，使其深感"牧之功于我大焉"。十一日，县令送来了优

○ 顺治三年十一月二十日，取租压力增大，陈周做决定联络绅衿向知县陈情，请求宽免妊院出门。予代赔路费钱金又自陪莊垫少许。伕辈名作屠夫等扎号。且先遣童子入城作扎。孔华、商用神可接申接庢等申府中。适者神气耗之殊不耐笔墨耳。此腾家属生升侣也。

姚长君再及门甚不安。有生一张印别。乃晚寒极大誉予方在昏迷颠倒中。而后同翼主之知防辟六已回归。但少留南翁些姚长君盘桓耳。是晚予熟熟倦加为时六甚久早摘来床用镫心绕幸而得汗。

共卿后泥径惠宁至而访辟六陉南翁至。知予倚到城下时胡吴陈王四君求觐已毕营事烦不走作院者当谨子时手当家属一揭。许批发停此或得停租候肯矣。是予王怔为敛行不行而言是晚夜予陪幸深

◎ 顺治三年十一月二十六日日记，记录了绅衿公观的情况

恤告示和个人名帖，并约与侯玄瀞相见。侯岐曾立即求诸相知代为陈谢。

但是这一切，并未能使征索的步子放缓。其实可以想见，一个基层知县对此类事并无最终决定权，而且他似乎也有难言之隐。十九日，抚院变产取租牌忽至。二十日，县中出票要取三年租。友人陈周俶（字义扶）决定遍约诸孝廉公觐❶，集体为其说情。二十六日，"公觐已毕，当事颇不走作"，虽有口头许诺，但对家属揭帖并未批发。二十九日"又出签催报租额"。这其实已显出了唐瑾在此事上的左右为难。但处于煎迫中的侯岐曾，对此并不理会，他对唐瑾的评价是"其词虽极婉转，而手段亦辣"。更令人不解的是，官府的态度总是前后矛盾，反复变化。比如，十二月初八，张懿实为侯家事专程跑到苏州，索回了免租牌。但是当日即听说县令亦从苏州回县，"惟闻催科严切而已"。才过了三天，到十二日，抚院的追租牌复至。夏完淳所抨击的"朝三暮四，昨是今非"的政策态度，至此丝毫没有改变。

迁延至顺治四年（1647）正月，局势总算明确了，也证明从前的努力已尽付流水。二十五日，虽然已花费不赀，但

---

❶ 陈周俶：字义扶。少孤，随母周氏育于外家，遂姓周。后复本姓，为不忘外氏抚育之恩，仍不弃周姓。但同时文献中亦有径书"陈俶"者，特予说明。

见德芬邓中信。知阿堵虽省小加。而事属无大豪。虞山一棹，访明君行矣今午来别。授以贲书少觉此皆喜表佳祇予晷外竟日促应膺期。替绩劳绩愆。不自知甚病至也。初二夜雨晨晴。予惫甚奇疲又不堪早警後即展外大鸿至。相见一笑授弢老手信商所以谢諮子者。得知即搜烦入卿笑大鸿匈惠匠。俟其便乃入城尒时弢老夫人方同鸿至。寄颜城中又为延青事未便入卿即弢老亦岩匆宁女定寄约之奥得知商之。城中之约主奥得知商之。初三庚後雨早复晴。言母早已拾點。行李趂赴某座答笔。俱随行矣。寻常维来何非到境此书可中有可令日校奥无羞色笑相将勿以为固然而一以偶来之福视之所燥。

十五亥莒生歎苦情為等語，激丕為，言動靜摸宜高墨正若。怨得草信知壯報果譌，不出言中揭摩君為一穎但到日之說五来敢邁信耳。侍母夕儶寢夢為之不怡。非獨奇癢故也。

十六擕回者詳越無傳。我固謂到日之未之信也乃城信直知邑令下符咲末散甲以為花說，全摸優賓面目茫然莫知所。廬而三日前，德荷撮手郡回知糧氣欲盡未盈一䭾然終，不免而言益深蓋熱此真頋到雖甚不讓天之寬竟何以變之。明日俞兒入城子于店蒙時口授教諭轉囑管料無非房穀甲事防暑子之下鄉耳。

十七大事晩不可期自家水火日甚一日于倭則假窣硬則故也。

擬書馀都付如碻如譌言矣,遂蔣敦宾、雯階、屬可顙盧役仲特叩左原且從瀨上有所授晉藩已受命于陰武著為監國卯須將伯斯不可云勤矣,藉此得聞瀨上水師已于雲二日偽改封威虜侯,仍授告身一紙發直抵南都,芙瞽俟之受封之吳伯,事固不可中罷矣,方有此勤特未悉下流堪久待否,中心皇皇,安能懸測而懸新郡先皇敕宓卿臥子命索殘齋甚力,左原乃呂孩齋見此二人蒼縣道細訊,渠以大事院有頭柄勢難生視,仍理前說,蘆五白某朝為雲同行,作管科王知艱苦,入城可三三百想星縣令為防海警,從土撫請來。而居民寓,從又終、矣,聞土亦通于瀨本崇矣仇將來恐不得不合,此亦二人云。十八盧責早別瀨,昨夕已宿惠庄,早探之,適雨太劇固必有異人授以異術矣。空手攢着尖者何補獨前四五里限膺揩新送鼠穴曾不妝多寸功不由不裂胷填膺耳惜事既不聊午餉適張老招予輩予見天氣晴和便理小舫同往病中雖未痊瘉傾壺歌僭此略一舒寫時張老將謀西歸矣。

卄五張齋告別吉西山多訛言輩家怙擾歸期愈不得不倦于枕上爲一闌于也娙假入城找搭船事而糟力物力萬分不及真是步 傷心。

芝約挺廱過話得此覺玉通甫告同之于爲此鬼未銷。

順甫先入。

共張齋行不及再面荊隱樂安攜攤直以至荊隱之凱

苦苦等来的刑部咨文，不但要没收田房，还要"并察家伙"。三月初六，侯岐曾致书张懿实说："昨见府票及县单，大骇。今晨见抚牌，益骇。觑破机关，只是一条门路，亦似不难相应。但今征币币穷，求金金尽，寒心销骨，乃在于此。"四月二十三日，他听说籍没之事，巡抚已经批回，但每亩地又横加一两银子，心下感叹道："此四十两者，设令旦晚取盈，吾知削雪成银，必有异人授以异术矣。空手攒眉，亦有何补。独前此无限膏脂，断送鼠穴，曾不收分寸功，不由不裂眦填膺耳。"次日，侄玄瀞入城对付籍没之事，侯岐曾回顾一年多来的种种经历，感到"步步伤心"，不觉伏枕泪下。到五月初十，陈子龙被捕当日，侯岐曾长子玄泛还往城中，准备以籍没之数向县中报告。闻讯后才携玄瀞迅速外逃。

## 三

前面谈到，侯岐曾因身肩重任，于覆巢之下勉力支撑，故凡举事皆极为谨慎。他出身于以忠孝传家的仕宦之族，且身负国仇家难，在顺治二年七月初四以后忍辱负痛，一直期待着明朝光复的消息。这从他日记《自序》最后"执笔为新天子纪年，敬俟南都克复之后"，和更名"易之"时侄子所谓"'易'从日月,更是光复之兆"等语,可以看得很清楚。五月十六日,当他听说夏完淳居无定所,即与夏淑吉商议,邀其来同居槎楼,并致书云:"然披讽新诗,句句光明洞彻,此宫音也,岂谓于变徵得之,定为公子复国之兆。"所以《日记》中凡有南明军队获胜和地方武装举事的消息,他都十分称快,但凡这类事件遇挫,则分外沮丧失望。

顺治三年二月初五,当他听说"南都闻果有未剃发者数十人,密图内应,事露伏诛,遂有义兵四五千人围城,今已被敌歼尽",不由得感叹:"可为痛哭者此也。"他虽然屏迹乡间,断绝一般应酬,但在与一二至交密通消息时,却不断打听所谓的"上流消息"。二月二十二日给杨廷枢的信中,就交代他"有远信,请以密传为期"。所谓"远信",其实就是来自南明鲁王和唐王政权的信息。四月初三,他给刚从明朝延安推官任上辗转回乡的亲家顾咸正(字端木,号弦斋)去信说:"兹特先驰一介叩首,百凡情话,都未暇及,惟欲一询西北情形。齐豫秦晋间,何处有反正之机?或口授大鸿,详悉见报,尤妙也。"大鸿为顾咸正长子,名天逵,娶侯岐曾次女。

然而征服者毫无人性的残酷杀戮,也让他不能不格外小心。所以他于二月二十二日去信提醒杨廷枢说:"吾弟名高廿一日陰。乘雨陳青箬姪輩主卿九福至。文禧裁邑中書子往持隆石岡來。蒞暑姚次君絳士歲呈晚右極研哔翰擲。
廿二子侵早別。辛囝丘天民崇哔素便流傳也異至至爲狗此雜事此等筆墨此時二芸未便流傳也異至至爲狗此雜事頗同兩未閒夜倣菂宿乃筆時敏枕美文福包命相于清歌二三闋歡離后久不閒此聲美客之愴然
姓名俱異乃張綏子家傳爲文禧有信
酒
廿三翼王以役辭姜雅早送入城欲買一書而安此賈姑以一金與上然度子得和又至文禧目花二十四函已發後每作悍
計失寫三書文焉崑太二書付潘七方雷雨文禧不果登舟
⊙寄楊維斗
庵後 子瑋中甬人

◎ 順治三年二月二十至二十二日日記

于斗,处处宜防物色。吾家祸重如山,时时恐蹈危机。"又说:"《泣血录》一帙在虞兄(按,指虞廢文,即姚宗典)处,乞留意。此等语不敢浪传笔墨,一见即毁之。"二月二十一日,昆山丘民瞻(字天民)跟他索要嘉定死难者名单,他写完即感叹:"然此等笔墨,此时实未便流传也。"并于回信中一再叮嘱:"承问,略具一纸,以俟史笔发挥,元稿仍望掷还。……况此何时,可浪传此等笔墨乎?"四月十九日,再给杨廷枢去信说:"寒暄都废,只欲讨大事消息。前札所言甚略,殊令愦愦。兹下里所闻,孤侄已有详报,不赘陈。草野所祝,惟勿以生机转滋杀运,而未敢为末劫生灵信也。"这里的"大事消息",不言自明。但他也确实害怕为求"生机"(光复)而带来"杀运"。

可以看出,侯岐曾对明朝的光复始终怀着强烈的期待心理,但又并不敢采取实际的行动。顺治三年以后,侯氏与抵抗力量仅有的一次联系,就是玄瀞曾上表鲁王,为父陈情。在此事件中,侯岐曾最多只是个赞助者,并未挂名。他唯一付诸实践的,是在通海案发后,陈子龙亡命的过程中,不顾个人安危,冒死相助,并最终招致杀身之祸。但其性质与联络海上和举兵起义完全不同。

侯岐曾埋身乡间,戒断往来以后,与外面世界的联系,主要是昆山和吴县。一是这两地与嘉定相邻，距离较近。二是侯氏的亲戚主要在这一带，如妹夫丁汝翰、表弟杨廷枢、亲家顾咸正、女婿顾天逵和玄演的岳丈姚宗典等，其中杨廷枢与南明鲁王政权暗中有联系，侯玄瀞上疏陈情走的就是这个通道。

侯玄瀞上表之事，初见于顺治三年二月二十五日侯岐曾给他的信中：

> 所寄疏稿情文相生，波委云属，无可商量处。并《些词》、尺牍二稿，皆吾销愁物也。此疏授文初，转致维斗，嘱以百分慎密，想无它虑。

前面讲过，姚宗典为祭吊殉城的峒曾父子并替侯氏向县令杨之赋求情，二月十四来过嘉定。他的到来，似乎带来了一些有关海上政权的信息，侯玄瀞奏疏当由此引起。在他二十三日离开嘉定前，侯岐曾分别给杨廷枢、丘民瞻、申绍芳、王瑞国、顾天逵各写了一封信，述及自己的境况。在给杨廷枢的信中，他曾问道："遗孤宜具陈情一疏否？"由此看来，侯玄瀞的陈情疏应是在姚宗典走后写成的。从《日记》以后的记述看，侯岐曾对此事非常谨慎，一直下不了决心往外送。甚至在给侄子的这封信末，还下意识地叮嘱："吾侄紧闭双扉，勿露声影可矣。"

三月二十七日，顾天逵来信，"为言龙种面授语，闽浙似合似分"，随信还附了唐王给顾咸正的授爵诏书。五月二十八日，复"得端木（按，顾咸正）札，及陈情一段，亟付侄商之"。当日即给玄瀞札云："吴门诸札尚阁吾几，适陶蝉（按，为顾氏仆）至，得端老一函，为斗老（按，杨廷枢）寄语云，特送看。疏稿应即寄否，惟自酌行，因吾于此每极详重故也。"从其意分析，顾咸正和杨廷枢皆有意劝玄瀞上疏陈情，为父请恤。次日，侯岐曾分别致书顾咸正和杨廷枢，表达了自己的担忧。致顾咸正书云：

弟以为今日传某忠臣予恤，明日传某名士拜官，此至危至危之事，将来无数杀机尽在此中。以故陈情一疏，弟每凛凛持之。至如家兄之事，所云日光月华、雷轰电烈，非待口说而后彰，亦不争迟速于旦晚也。鄙夫所见，向来如此，然正未敢执臆断以误当机。况亲翁所云无误，是真实无误者，以故遗孤斗胆相托，直欲一介专驰中道人（按，杨廷枢）许。

致杨廷枢书亦云：

> 正怅恨间，忽端老传拜爵之音，又转示陈情之便，如久病乍苏，为之慰快。然区区所见，每谓吾辈处龙潭虎窟中，凡极幸处，皆极危处，以故并遗孤一疏，凛凛持之。今事机又万不可待，特托端老觅急足驰上。百凡委曲，具在遗孤寸楮中。仆不缕缕，惟望筹其万无一失而已。

六月十七日，顾咸正来信，"累累数千言，大都策中兴之必可期"，针对侯岐曾信中的担忧，力劝其勿过于畏慎。并告诉他顾天逵将不日泛海，为其陈情。这让侯岐曾心中燃起了不小的希望。他回信解释说：

> 弟今日所处与兄不同，兄虽出万死一生之馀，而此身既全，自当理前事以启后图。弟则覆巢遗卵，除却奉母全孤而外，誓不敢萌它妄想。而又亲见彼法之加刃于我，一步紧一步。设使目前幸无大衄，则其操立。忠义诸家，不云暗结白腰，则云显通闽海。而忠义诸家，举事如戏，实亦有可蹑寻，则其一举手间，何异于扫尘烁冻哉。

对顾天逵计划中的这次壮举,他致信称赞说:"吾甥此行忠孝之理具备,声名之算亦长。"为了表示郑重,他对少子玄泓说:"大鸿此行,直当以陈情相托,吾父子定须亲往。"为此,他特意给随鲁王在舟山的同乡好友陈周俶(字义扶,后于本年十月十五回里)修书一封,道其"愿睹汉官威仪,然后瞑目",并以玄㵾的拜表和顾天逵陈情之事相托,求其襄助。二十一日,他再次致信顾咸正,提醒"大鸿行后,亲翁必宜亟图它徙。……而最吃紧者,尤在谢绝往来,使人莫知其处",还给顾天逵送去盘费以助行李。但到二十九日,顾天逵却行计中沮,放弃了渡海的计划。

到七月二十六日,新的机会出现了。当日,有一自称王哨长的人来访。其人自云去岁嘉定守城过程中,曾被指为须明征同党被缚,赖侯峒曾察其冤得获释。须明征为须世征从兄弟,为人无行,不为乡里所容。后广招家丁,拥众自重。在嘉定守城过程中,因被怀疑窝藏奸细,为乡兵捕杀,死状甚惨。其手下家丁,悉被剪除。王哨长自称往来舟山,遇唐王兵部主事陈素(字澹生),入其幕中,现特潜至苏松一带进行联络。其人还谈到了许多时事。其实王哨长名谢尧文,钱海岳《南明史》卷三二说他是嘉定人,"诸生,尝坐事系狱,峒曾救之,来往舟山,授游击"。从日后事态的发展看,陈子龙通海事败,即因此人行事不密所致。此事且留待后文交代。

从《日记》看,顺治三年八月,顾咸正来到嘉定,日与侯岐曾聚谈,令他焦迫的心情多少得到了一些慰藉。他感叹说:"予私幸平生水乳,验之岁寒松柏,真称无负。而吾友靡靡愈索,每叹吾道非耶!今日留此一俊人,颠沛中亦可无憾矣。"另外,玄瀞的陈情疏已经上达,二十二日《日记》云:"是时闻越中恩命,银台赠兵部尚书,谥襄烈。"

对侯岐曾来说,整个夏天,抚、督两处关于籍没和取租之令旋下旋收,县令勒逼,胥役诈索,让他精疲力竭。除了不停地鬻田以应付目前外,他开始迫切地期待光复的消息。官府的无度盘剥,不断加剧着他在心理上与新政权的疏离,把希望越来越寄托在南明海上力量上。七月二十八日,听说"街巷喧传南都好音,便呼酒与大鸿一醉"。次日又说:"亦冀吉音非伪,催科可望渐宽。"但现实总是事与愿违,这令他不得不采取别的办法。九月初六,彭志古(字子上)来,"知有海上一行"。初七,南明使者约顾咸正至松江相会。初八,顾咸正缮写书疏,"专为瀍南(按,指舟山)之举,且拟怂臾存古(按,夏完淳)一往"。侯岐曾为设酒食,"使诸君得面相谘画"。态度明显变得积极起来了。

览亭拾申题舍金荟适命俞兒多送。极费心手。忘诚頗事宜不可搁措。其一三要節。忘阮些好详商之未刻。紫小寒垃特谓已邈矣。枕上报势转盛又不得雨汗。廿二与大鴻商用張左仁一着。然不得已之极思也。阮雨害鳴且作緣計出户錄長歇示之。是日社風驟厲。寒威加烈。予生來不耐布帳而頻風撮不可支。頻加偶熨曉而寒愈愈甚浑不能之。雨日援存古所报。隆武失閩入江右。何騰蛟王應熊合兵楷張献忠于蜀。并其精兵三万。下破湖口泰和。今領湘出闽中。員勒今已大敗仍退回仙霞嶺。挥李軻風報说。挥丁文盛以三万人降。山東吉季庵生者兵威大盛。連破参莱青兗東瀋。一路俱建大明旗號。

⊙ 顺治三年十一月二十二日日记，渴盼复明的消息十月二十三日，王哨长（即谢尧文）复来。二十五日，"智含所寄，今日已就。哨长别去"。王哨长此来，似专为收取有关文书。而侯玄瀞之所寄，亦当是给南明海上政权的信函。十一月十五日，缠绵病榻已两个多月的侯岐曾给陈周俶写信说："弟看此世界，万万不能一朝居，所谓只争蚤晚耳，明智人必见到此矣。"当日给倪长玗的信中则问："近事可得闻其要领否？闽事凶吉，昊东（张若羲）处必有确闻。"二十二日，当他听夏完淳说清兵在福建受挫，山东有李广生起义，京报十七日不能通达，振奋之馀不禁发叹："若问吾家祸事，如燃眉之不可待，真乃远水不救近火也！"十二月初八，张懿实刚为侯家索得免租牌。但到十二日，"晚闻抚院追租牌复至"。侯岐曾忍不住惊呼："嗟乎，由今之道，尚能一朝居哉？"二十日，他抱病给顾咸正作书云："弟今所急者，瀣上（按，指舟山）一说客耳。齐方（按，张纪字，顾咸正内弟）既敛尽少年粗豪，一意大事，亦能办此否乎？近则得一人索务公与深谈，云间既有反正之机，便能作先事之举否？正恐不独云间非其人，并务公亦非其人，如何？如何？"务公姓戴，名之俊。吴江人，明诸生，为杨廷枢弟子，早年曾入复社。顺治二年举兵太湖，兵败后降归吴胜兆，渐得信任，暗中劝其反正，并积极联络海上，图谋举事。侯岐曾闻讯后，在走投无路的情况下，决定与其联络。他的目的不过还是为了解自己的燃眉之痛。

顺治四年除夕，他梦见大雨淹过了庭院的台阶，俄而又白日高照，醒来后不由得自问："大事当不远乎？"过去的一年对他来说是极为难熬的，当然期待新的一年里情况能有所改变，而改变的唯一希望就是光复的到来。他没有放弃与戴之俊联系的打算，正月十一顾咸正"将行未行"，他"邀之再一款话，且以齐方所肩底事切嘱之"。此后，各类小道消息不断传来，有好有坏，真假难辨。二月二十四日，甚至有消息说史可法已经攻下了淮安。二十七日《日记》云："淮上一报，传说未真。却见□报：闽齐大坏，赣州亦破，江楚又未可知，愤懑欲绝！"这回的消息应该是真的，但他并不愿相信。三月十八日，顾咸正突然来说："六飞（按，即'六骓'、'六蜚'，指皇帝）无恙，邸报难凭，即在粤不在闽之说亦讹也。史道林（按，史可法）生存是真也，今主兵于山东。"他听后心想："果若所言，天下事何不可为耶！"颇感振奋。事实上，唐王早在上年八月二十八日即已被杀。

更为麻烦的是，他们依赖的海上信使王哨长，于三月十九日被清兵柘林游击陈可俘获。对此，侯岐曾毫不知情。二十日，因天气变化异常，他还不无期待地说："春雷百日

○ 顺治四年三月二十二日日记，记录了地下复明力量派人送朱谢老文被捕的消息，举家惶恐有识。多母主姪尽日商暑避逃。未有定说。奉母植孤值云中生变为大难迤迖老则于来朝起举以行。两婿和夹婦六黄困旋作伴闲居民六移、宽徙似是气数使然耳。家又未敢引章。

廿四领吴两人昨霪延来行。令是些陆子玉同赀于毛□。玉波将探拓林确信也一律。义扶远士治文都陆颜江补笋。而主生摇两人情形难确星困局三已不可揣在身尝者辟不敢断以为固耳三子别去指蜀远士与朝夕有驰先星恵座为小运明日入学约定。查母今日东行至星不欲为伥假实约。且方移雨渐远。势。查母遣扑段俊声翮玉两幼女去访巳

侯子石踈迤其身尚頹撲樓殊不可解。乘信促婦。其挚已

⊙ 顺治四年三月二十四日日记,侯氏对两个信使的身份将信将疑

阴，殆先为之兆耶？"二十二日，正与家人团聚一室，忽有苏州人钦浩和徽州人吴鸿送来消息，说王哨长被逮，已"供出多人，如顾如夏，俱不免，马兵即日至矣"。惊愕之馀，他们多少有点不信。但两人言之凿凿，"且云柘弁不得自主，即日申吴督"。经与顾咸正、龚元侃（字得和，侯岐曾三女婿）、玄瀞商量，只得赶紧设法求助于戴之俊。中间人则选定了经常往来松江的张鸿磐。

二十四日钦、吴离去，虽然朋友们揣其情形，觉得他们所言应是个骗局，但侯岐曾已成惊弓之鸟。他说："囮局已不可堪，在身当者并不敢断以为囮耳。"此时外边已流言沸腾，人心惶惶。他们不得不开始考虑逃避的问题了。为了安全，侯岐曾与两子连夜剃了头发。他感慨说："盖至此日，始不得为戴发之氓也。予与两儿亦重经剪裁，伤哉！"当晚孙和鼎（字九实）来，坐实了钦、吴传递的消息。侯岐曾因此彻夜未眠。第二天一早，即举家外逃。二十六日，张鸿磐从松江回信，告以当日"差官已将发，务公力为营救，幸而得免"，随信还附了戴之俊的手札。这场意外总算有惊无险。

二十七日一早，侯玄泓与玄瀞特往松江向戴之俊申谢，并处理善后。侯岐曾在给戴之俊的信中，满怀感激地说："顾施未侔于大造，则杯酒皆浮；感不切乎性命，则文章等

○ 顺治四年三月二十六日日记，侯玄涵送来密信，告诉家里谢尧文事已被戴之俊平息

○ 顺治四年三月二十七日日记、派侯玄泓和侯玄瀞去松江拜谢戴之俊伪。几有不劳媒介，不费颊舌，一旦死而生之，骨而月（按，即'肉'）之，如今日老盟翁之于寒家者乎！"他说自己一年多来"不意创痛未苏，诛求叠起，既坐悲泉苦水，又苦骇浪惊涛"。提到顾咸正，则说他是"千古快人，半生苦节，三秦七载，九死一生，尚未肯韬锋挫锷，其意有馀，其谋弗固，不肖知其所以召殃矣"。接着，不无悲愤地问："煌煌新国，亦何苦力驱此等人，必使登山赴海耶？"高度紧张过后，心情一旦放松，顿有"如天之福，不知当何消受"之感（二十八日）。三十日，张鸿磐再为顾咸正事自松江回，带来戴之俊手信云："弦老差官已报命，从此不更遣，都付雪净矣。"侯氏所送的谢礼，亦被一并却回。

经此一变，侯岐曾再次谨慎了起来。面对这些行事粗疏的同仁，他开始有了惧怕的感觉。四月初三，根据次媳夏淑吉的口述和夏完淳的信来看，"云间如有克日奇举"，他自问道："真耶幻耶？主者岂未戒于漏师耶？我惟为之栗栗。"初五，顾咸正至，酌于玄瀞东斋。侯岐曾"借骇浪初平，告之以帷灯匣剑"，而顾则"自许百炼钢，誓不退转矣"。两人性格之不同，至此呼之欲出。初六，"泓探信于平南（按，夏完淳堂兄弟），报语直忧师老而溃"，侯岐曾感到"栗栗更当何如"。至初七，"远近喧传吴督即日反正，初以为耳语，今

⊙ 顺治四年四月十四日日记，侯玄泓传来吴胜兆事败的消息初費不能成行也，惟引領吉諸以日當年。初但聞僞知府被戮，頴按惟此官是蘇州人也。接音止僞海防失守負傷而脫。一異奏楚兩中軍不郎反正。前呼閶門中軍吳戴陸不協既而講如。有人親見詹中軍拖擐入小舟吉二異城門晝閉俾傳令蘄請督治失守三異僞令出示云捉賊李賽作亂，諸人皆以為海防令已就擒百姓吾安生業四異此等霎異多革尚異此中有謀誅秘奧不能出大事尚可為耶。是晚郡濤偓家茶座予耳歟，不能貼席。十九早郎遊不能坐視仍入主菴探信會稽使者適來予親叩之則云迎駕出示是真，吳豐汭來人所聞亦合，果不空更有官望耶，五嚴三遠寄予詹是多漢令情長坂吉什

⊙ 順治四年四月十八日日記，吳勝兆事敗的消息得到確認

以为街谈矣"。他感到"可疑可骇,姑以不见不闻消之"。这段时间,他密切注视着松江那边的动静,但无奈消息一直不准。他最担心的是吴胜兆反正的"声迹襮扬既久,三尺童子亦知设备。且白下重兵,容知旦晚不至,岂不可忧可危"?(十三日致顾咸正信)在各种真假消息的陪伴下,忐忑地过了五天,到十八日,侯岐曾终于等来了吴胜兆兵败被俘的消息。

此后,形势即越变越糟。二十六日,因大兵聚集松江,"一时谣言将兴大狱",陈子龙和夏之旭仓皇逃至嘉定王庵侯岐曾处。次日,侯岐曾决定担负起掩护的责任,他说:"今即以季布为朱家,以张俭为鲁国,万事委运,何暇沾沾计祸福哉!"五月初二得知西山被屠,杨廷枢被抓,感到灾祸不远,而"为之皇皇"。他明白清廷将穷治此事,借机清除三吴一带潜在的抵抗力量,因为"彼以为不除此属,天下终不得太平"(五月初二致陈子龙信)。

五月初三,在给许自俊的信中,他解释了自己处境的艰难:"虫沙风鹤,日来步步惊心,不意又有东方之事也。……如昆如松,一时偶集,皆由平日气谊缠绵,并非招之使至。一经装饰,动成祸形,可以类推而得之。"初五日玄泐长子出生,有贺者说:"此田文、王镇恶之故事也。"侯岐曾私叹道:"然田文愿高其户,而予惟愿卑其庐;镇恶愿封万户侯,而予惟愿作田家子。若问沧海横流,只此颂祷已为过望矣!"初六,因嘉定已不安全,他把陈子龙转托给了顾天逵。初八,顾氏仆陶蝉来告,有人泄露了陈子龙曾藏身恭寿庄(侯氏田庄)的消息,大兵将洗劫恭寿,令侯氏举室惊恐,通宵警戒,但当晚无事。次日陶蝉再来,仍持原说。初十,侯岐曾已感到形势不妙,给陈子龙捎信说:"弟为大兵将入嚳境,闻多所征捕。寒家实万分极危,然不暇自计,而亟望吾翁择其所安。"这不幸成了他的绝笔。

## 四

历史剧变不可避免地会给亲历者身心造成多方面的影响。大难初平的侯岐曾,在乱后苟活的日子里,除了面对亲人丧亡的伤痛、官府盘剥的折磨和对光复消息久盼不至的失望与忧惧外,局势变化对家庭亲情和社会环境造成的冲击,也常常让他内心难以平静。

首先,嘉定城破以后,他们一夜之间成了新政权治下的罪犯家属。身份的巨大落差,让他一时难以适应,唯以谢绝往来为自处之策。顺治三年正月初五他在日记中写道:"予自遭家国奇变，判年于兹，勿复问人间世矣。"即是这种境况的写照。以侯峒曾为代表的忠烈之士，虽然曾经让人感动，但历史的这页一经翻过，便成了忌讳的话题。嘉定屠城给民众造成的直接伤害，使幸存者中，免不了有人会对忠臣们当初的决策和举措表示质疑。毕竟在对待生命的态度上，人们的选择是不可能一致的。《嘉定屠城纪略》里记载了这样两个细节，很能说明问题。一是嘉定城破之前，城中传来李成栋劝降的榜文，说如果有人开门投降，"誓不杀一人"。有人向负责城防的侯峒曾、黄淳耀等提议说现在大势已去，诸公应该为满城百姓考虑。结果黄淳耀"怫然，推案痛哭"，侯峒曾等亦悲不自胜，但都拒绝接受。"方城破时，西门尚未有兵，城中男妇悉西走，街路俱为乱石所阻，困顿颠踬，仅乃得达。号哭求启关，淳耀坚握锁钥不听。其同榜进士王泰际适至，为百姓请命，语甚哀恳，不从。复以年谊动之，淳耀大怒曰：'若欲献城，君盍自为之，我顷刻死人，不知年谊。'"另一个例子是，参与守城的张锡眉，在听说城破以后，对友人说："宜速死。"友人则回答说："城破之原不由我辈，空死何为？君若独断于心，无所不可。"可见在一些人的心目中，忠孝和尽节并不是完全画等号的。对于普通民众来说，他们最初响应抵抗，更多的可能只是出于一时义愤和对眼前安全的考虑，并不像侯、黄诸人有精神意念的支撑。在接受了血的教训以后，无辜被裹挟的民众，对他们会有怎样的评论，今天已无法探明究竟了。而我们能看到的，实际上都是与他们有共同价值追求的人的记述。但对幸存者侯岐曾来说，他却不能免于这种道德上的压力。可惜的是他在《日记》中对此只字未提，是有意回避了呢？还是切身的痛苦让他无暇顾及这类问题呢？

　　但形势变化后侯岐曾对周围人态度的敏感，在《日记》中还是有所流露。顺治三年二月初八，他写道："有龚贤者，感予旧恩，馈鱼酒甚侈。风雨周旋，谁谓慕义不出匹夫耶！"小人物的一番举动，似乎给了他难得的温暖。而到十一日晚，他正在饮酒，忽然听到外面鼓吹沸天，经打听才知道有人家庆祝新秀才进学，其老母龚氏闻讯"为之累欷"。他特别加注："城中俗谣云：'白马紫金牛，骑出万人羞。'"对这些积极投靠新政权的人，表达了不满。但不满改变不了世界，该发生的还得发生。到九月初五，他更是愤懑地写道："今之高门鼎贵、甘心从事者，惟知妻子田庐之是守，且俨然自称保家之主矣。嗟乎，安知彼祖宗不含忸于地下哉！"随着局势逐渐稳定，人们不仅对新政权的态度在发生变化，对昔日的忠义之家的态度也有些微妙了起来。四月十四日，

十三雲官李子來摩擾坐耗久仍嫌商之午後蛭涇東樸
被雨至予小寒熱韋不甚廬外微甜些今仍睾微熱
耳。

十三早得汗。為虞山之說蒙俞晚近受財官大鴻自郡
至聞閣中固宗者可韋。外間紛紛執而為新舉人者
而吾邑兩年皆無此揚兩者神道在馬彼豬遇辭則
兩日以甲乙軒為恒委。唐朝珮視得孤病過我診豚
晚來熱勢復劇狼狽終夕予嘉中不聊間者口占
以代呻吟至毋追哭伯兄詩八章始敲大約瘁無症得

十四汗來甚速。晨起尚在睡眷中。朝朝至譏周補先
之。

有人为帮助侯氏缓解诛求压力,拉庠友一起拜谒了县令杨之赋。但对当日来看他的人,侯岐曾并没有全见,因为他感到大家有了"异同之嫌"。

总之,死者已矣,活着的人仍然要面对生活的变化。这种变化不仅发生在周围的社会,也发生在侯氏宗族内部。顺治三年二月初三,他给族叔侯兑旸(字公羊)去信商量取租事,说:"目前此局,据李批止征本名,据土橄仍连通族。诸宗老昔嫌过急,今又嫌过弛。侄与遗孤惟力肩公费,分文不以相累。倘因公费不及,翻作袖手之观,万一遂至决裂,侄不敢复受埋冤也。"从信中所言看,侯氏之难,多少还连累了本族的其他家庭。而随着籍没之令的颁布,宗族成员又对一些产业的归属,提出了疑问,这不免让身处逆境的侯岐曾倍感伤情。三月十八日,他有书致"三老相公"(似当为侯鼎旸、侯艮旸、侯兑旸)说:"所谕汪店房,相传几十载,闻为子久叔(按,名益旸)舍来,不意叔翁处更有一段渊源也。侄辈从来视财利如粪土,况现经籍没,视产业益如飘风。今此房叔翁既频动此念,侄辈自应婉转从命。但不言于华盛之时,而言于丧亡之后,实万万难堪。吾伯兄忠节三百年所希有,仍望吾宗各以孝弟廉让风励后贤,不欲明德宗老有此举动也。"

外部的变化尚可听之任之，家庭内部的问题则是无法回避的。首先是儿媳中出现了三个寡妇，这些苦命的年轻女子都面临着人生何去何从的问题。第一个做出选择的是侯岐曾的二儿媳夏淑吉，她于顺治三年三月初十剃发出家，时已守寡抚孤八载。不久，两个侄媳姚妫俞（玄演妻）、龚宛琼（玄洁妻）亦受其影响，相率礼忏。并于四月十四同时披剃。十五日，侯岐曾"从泾南至陈园，见两头陀，宛如梦中蘋苕（邂逅），却不敢复道悲感矣"。

另外，由于侯岐曾兄弟此前没有分家，家人日用皆由其平时统一安排。在侄媳削发以后，外边渐渐有了不利于他的传闻。具体情由，《日记》中没有明言，但似乎是与财产有关。此事给他精神上造成了不小的伤害。消息最初传来是在四月二十四日，当天玄汸、玄泓告诉他"吴门果有奇谗"，但他认为自己"礼仪不愆，何恤人言"，没打算理会。二十九日，他收到姚宗典来信，信中似乎亦提到了类似的问题，这下他坐不住了。五月初四，他去探视生病的龚宛琼（法名慧明），顺便与姚妫俞（法名慧净）畅谈了一次。当日《日记》云："两日为废文札中云云，方知向来谗口已远播吴门，可痛可畏！我平生于骨肉间事，岂惟不欲告诸门外，并不欲告诸门内，至此虽欲不自剖白而不可得矣。"五

月二十五日,他再次致书杨廷枢,托其向姚宗典说明本末:

> 平生骨肉间事,未尝有一句两句费分疏剖白者。意谓处治处乱虽异,信心信理则同。岂知人类既为犬羊,人心别一鬼蜮。迩有不根之言入废老之耳,察之不止嚼肤,殆将销骨矣。郁愲之极,几谓不得不置一辩。徐而思之,此何情势,岂是吾辈争执是非之时。况使废老疑我平生则可,如其信我于平生,何至疑我于一旦。……仆自遇变以后,刻刻将死字钉在额门。尚有何事费处置,乃至不能处置一二谗夫耶?

当日他八十一岁的乳母正好来访,老人家疲病不堪,但他因心绪烦乱,只送了一件衣服就将其打发了。为此他感慨说:"今吾与乳母明知向后勿复相见矣,而意思都觉淡然,此非情有厚薄也。"

眼看着官府诛求不断,祖业即将荡尽,侯岐曾逐渐放弃了两兄弟不分产的立场。六月二十三日,他"痛愤诛求理极,从前臣力已竭,从后将何协助?即杯铛数十器,亦为诛求之用,耗荡过半矣。今则涓滴万不足填江河,惟分授子侄及揭孙等,庶几犹存先世遗泽也。因毕呼至恭庄,如书画等一二长物，务使倾筐倒箧乃已"。这可以看作分产的开始。

九月初五，他正式与侄玄瀞析产。当日"板舆奉母而东"，为析产做准备。"至则悬襄烈（按，侯峒曾谥号）遗像一哭。为祖宗栉风沐雨所贻，一旦身丁覆败，以有分析之举。而襄烈与余，真所谓儿无恒父，至今不忍言分，又不忍不言分，此所为摧肝欲绝也"。十月二十九日，在商议为玄瀞求婚盛氏时，他"乘男女齐集，遂为三分之举"，田产每户平均"止及贰佰"亩，这令他深感"悲痛之甚！惭惶之甚！"经过不停的斥产和献赋，祖宗所遗至此已所剩无多了。他不禁自问："除籍数外，予与智各得七百五十，又细分之，能有几何？"十一月初七，"智含同再生（姚妫俞法号）、妙指（龚宛琼法号）来，亦为三分之举。再生、妙指各授贰佰亩"。

《侯岐曾日记》记录的日常生活当然不止于以上这些内容，但在易代之际对当事人造成较大冲击的主要是这几个方面。其所提到的另外一些细节，虽然有的只是一带而过，却为正史的书写提供了补充，留下了佐证。比如顺治三年二月二十九日给侯兑旸的信中说："自城来者云，彼近设清发道，以五等定罪。"提到剃发令下达后的具体执行情况。三月初

⊙ 顺治三年二月二十九日日记，收录了给叔父侯兑旸的信，谈及剃发问题

⊙ 顺治三年三月初一日日记，记录了剃发令的定罪标准（五等定罪），和设清发道监督执行的情况一的日记还特别记下了五等定罪的标准："一寸免罪；二寸打罪；三寸成罪；留鬓不留耳，留发不留头；又顶大者与留发者同罪。"这可以说是关于清初剃发的重要史料。

另外，八月初一的日记写道："褚元携人参一缄来，乃青溪新令称奉旨求鬻于绅氓。吾家分得半斤，应输直十五金有零。此亦一新闻也。"第二天又记道："城信来，亦言鬻参事，吾家父子几派四斤。今图领一免三，又有数金杂费，而叁拾贰金正价，不待言矣。"这件事情的背景是，清兵下江南以后，为了筹集军费和粮饷，除从新征服的地区征取赋税外，还强行推销东北的特产人参，来增加中央政府的收入。人参本来是女真与汉族之间传统的贸易项目，在明代就已持续多年。入清以后，满洲贵族凭借军事力量再次把贸易范围扩大到了江南。据江南总督洪承畴顺治三年十二月给朝廷的揭帖说，他于"顺治二年九月内奉圣谕发人参到江宁易卖"(《明清史料·甲编》第六本第五〇六页)。但最初的定价过高，遂上奏朝廷，将价钱减至每斤三十二两。即使如此，"向来各章京等每日在于江宁开设市肆，晓谕发卖，并无士民人等承买。各章京甚为告苦"。洪承畴亦觉"苦无调停之术"。他向朝廷报告说："职等屡次公议，欲分发各府州县，使各印官转卖，恐至摊派科敛，大滋扰害，甚非皇上爱恤民

⊙ 顺治三年八月初一日日记，记录了官府摊卖人参的情况生至意。"(《明清史料·甲编》第二本第一四八页）关于清廷在江南鬻参之事，王宏志在其《洪承畴传》里已有论述，但《侯岐曾日记》从当事人的角度为此提供了新的佐证。而且还揭穿了洪承畴所谓皇上"爱恤民生"，不准"摊派科敛"的谎言。

其实，从历史的角度看。作为地方望族的侯氏，在清兵南下的时候，若不能主动归顺，其遭打击是必然的，只是侯岐曾作为当事人，还看不破这一层意思。陈子龙在为宋琬之父宋应亨写的《莱阳吏部宋公殉节纪事》中曾说过："士大夫居乡党，无城社之责，然天下郡县一旦有事，非借巨室之力，有司者谁与共守？"(《安雅堂稿》卷八）已经讲明了这个道理。清政府当然明白，世家大族在地方上，如果肯合作的话，对官府的统治常能起到补充和调剂的作用。若不肯合作，则是主要的反对力量。在明政权瓦解以后，江南的几次抵抗，都是由这类有影响力的家族首领发起的。所以在入侵者看来，要想彻底征服江南，必须拿这些有过抵抗行为的世家大族开刀，从军事和经济两个方面，使其完全丧失对地方事务的影响力。夏完淳文章中提到，籍没侯产，执事者称奉有密旨，可见空穴来风亦非无因。

# 谁不誓捐躯 杀身良不易——士人的生死选择

崇祯十六年（1643）春天，侯峒曾携母赴任嘉湖分巡道，杨廷枢、侯岐曾及诸子一路陪送至吴江八斥镇，夜间，大家谈到什么样的死法比较理想的问题。

侯玄汸说：「但要看清死的题目，勿错过死的机缘，水火刀锯，都打算得明明白白，那时该激烈便与激烈，该潇洒便与潇洒，已是完吾生平，留人榜样，纵然亏体，不为辱亲。有信勿疑，有进勿退可矣。」

诚哉！太史公曰：夫人情莫不贪生恶死，念父母，顾妻子。至激于义理者不然，乃有所不得已也。

标题中的两句诗,出自十六岁少年夏完淳的《自叹》,道尽了他内心的彷徨。该诗作于顺治三年,其时完淳的父亲允彝已于上年八月投水自尽,他的嫡母盛氏也出家为尼,剩下他和生母陆氏、妹妹惠吉相依为命,四处漂泊。他曾有诗赠同样居丧守孝的侯玄㳽说:"我已无家随汗漫,知君愁坐独俜伶。"(《秋日避难曢东崥智舍》)

这个早慧的少年性格十分刚烈,面对"北首可怜秦郡县,南来无复汉衣冠"(《寒食杂作同钱二不识赋》)的局面,满腔仇恨,无法平静。父亲的死,给了他极大的刺激。他写道:"沉沙一死干虹气,遗恨哀哀蓼莪废。何处更开北海樽,无人更洒西州泪。朱履三千食客稀,玉盘十二齐盟悔。我今亡命沧海游,何年佩刀成报仇?"(《题曹溪草堂壁》)报仇几乎成了他活着的主要目的。在《鱼服》一诗中他说:"一身湖海茫茫恨,缟素秦庭矢报仇。"就是这一心态的直白表达。但是,面对清朝强大的军事力量,眼看着各路义军先后失败,他对报仇成功又实在没有多少信心。屈辱地活着,意难忍受,轻易效死,心又不甘。这正是他彷徨的原因。

其实当时彷徨的并不止夏完淳一个人。从关内汉人的角度看,明清易代,乃家国奇变。对深受儒学传统教育的知识分子来说，他们既要承受社稷倾覆、制度崩坏所造成的流离之苦和心理恐惧，又要忍受清廷武力镇压下，不得不变发易服、投诚效顺的精神屈辱。这让很多人陷入了不知所从的精神困境。

在经历了北都覆亡的最初紧张后，弘光政权的建立，让江南士人对长期偏安之局的出现产生了幻想。他们乐观地以为，宋、金划江而治的历史将会重现。不过这次局势的变化之快，几乎超出了所有人的预期。江南士人们很快发现，可供自己考虑的时间其实非常有限，许多选择都是仓促之间做出的。虽然结果不外乎生、死两途，但过程却极为复杂。

一

对许多人来说，当国家覆亡的消息传来时，最初的冲动可能使他们想到过死，地位越高的人心理上的压力应该越大。有诗坛"江左三大家"之称的钱谦益、吴伟业和龚鼎孳，即为明证。三人中钱谦益文名最高，他虽因畏死而为后世所轻，但其夫人柳如是却有过劝他以死殉名的举动（顾苓《河东君小传》）。吴伟业也想到了死，他曾"号恸欲自缢"，后在老母的哭劝下放弃了(顾湄《吴梅村先生行状》)。龚鼎孳的经历最曲折,李自成入京时,他"阖门投井,为居民救苏",结果却先降了大顺,接着又降了清(严正矩《大宗伯龚端毅公传》)。

想过死的人最后未必能真死,而死了的,开始时却可能并没打算要死。当我们把目光聚焦在明清易代之际的嘉定一隅时,就可切实感受到这种历史的吊诡和命运的不可捉摸。

侯峒曾最初的计划是:"若乾坤遂尔长夜,终身无复入城市之理。买山偕隐,此志益决。"这是他在顺治二年五月写给亲家姚宗典信中的话。所谓"遂尔长夜",乃永无天日之意,是对光复无期的比喻说法。同时,他又给嫁在昆山的长女怀贞写信说:

> 若我虽无民社之责,尝从士大夫之后。万一北官入境,士民迎降,必无靦颜安坐、瞠目直视之理。……若事势孔迫,不得不亟自为计,人行我止,人止我行,期不失圣贤家法而已。

"民社"指地方长官,侯峒曾此时赋闲在家,非在任官员,

谁不誓捐躯　杀身良不易

⊙ 侯峒曾像

⊙ 侯峒曾草书轴

故自云无管理地方之责。侯玄瀞《侯忠节公年谱》亦记载，该年六月二十四日，听说清朝委任的县令将至嘉定，侯峒曾即避入乡间，卧疾一小屋。有人问他自处之道，他说：

> 我虽无民社之责，然尝从大夫之后。抗之既无其力，死之又未有会。惟当窜伏先人丘陇，以毕馀年。若必以爵位相强，则有龚君宾、谢叠山之故事在。

龚君宾乃西汉龚胜，哀帝时为光禄大夫。王莽篡汉后，强征其为太子师友、祭酒，龚胜拒不受命，绝食而死。谢叠山为南宋谢枋得，与文天祥为同榜进士，曾组织义军抗元。后拒绝元朝利诱，绝食而亡。由此可见，死并不是侯峒曾最初的选择。黄淳耀同样没想过要死，他给同榜进士王泰际写信时就说："吾辈埋名不能而潜身必可得。"（张云章《贞宪先生传》，《朴村文集》卷一三）

侯、黄之所以走上抵抗道路，乃因剃发令的颁布，触动了其最后的尊严，才不得不奋起一搏。侯玄瀞《年谱》记载说："吴门徐春坊（按，指徐汧，曾任右春坊右庶子）戴发自裁，府君闻而哭之恸。既乃叹曰：'惜哉吾友，既不能死，曷不奋大义？天下事何遂不可为？'盖至是而悲痛愤郁，穷无所之，虽欲以龚、谢自处，不可得也。"

夏允彝起初也没有打算死，更没有像侯、黄那样奋起抵抗。他是因顺治二年八月，李成栋迫其相见，深感对方的逼迫"一步紧似一步"，于极度绝望中投水的（侯玄涵《吏部夏瑗公传》）。

最不想死的可能是陈子龙。据宋徵舆《於陵孟公传》（"於陵孟公"是陈子龙逃难时最后使用的名字）说，夏允彝自尽前曾"遗书孟公，令无死。而孟公有大母，年八十馀，日夜泣，遂缁其衣，托迹方外，往来三吴"。这和李雯回乡后见到的"相逢半缁素，相见必禅林"（《初春四日与张郡伯冷石陈黄门大樽小饮柯上人息庵时两君已受僧具矣》其一，《蓼斋后集》卷二）的情形是相符的。清兵南下后，陈子龙曾与徐孚远联合黄蜚、吴志葵在泖湖举兵，败后即以僧服隐迹乡间。吴胜兆起事前，曾遣戴之俊求其通书受唐王节制的威虏伯黄斌卿，欲邀为外援。对此，陈子龙一开始很犹豫。他根据形势分析，认为其成功的可能很小，但又觉得于义难辞，遂未拒绝。吴胜兆事败后，清操江都御史陈锦、提督满兵总兵官巴山亲赴松江审理，查得其通书情节，遂展开搜捕。正是在这样的背景下，他在夏允彝之兄夏之旭（字元初）的陪伴下，逃到嘉定诸翟，出现在了《侯岐曾日记》中。

《侯岐曾日记》清晰地记录了陈子龙被捕前最后的逃亡经过，并侧面反映了他的精神状况。这段材料真实地再现了当日的情景，补充了以往史料的不足，极为难得。

顺治四年四月二十六日云："卧后，又闻元初、卧子（按，陈子龙字卧子）俱投王庵，多因大官大兵俱集云间，一时谣言将兴大狱，不得不谋避地耳。"二十七日云："申刻，庵信疾传，车公欲立移其处（自注：卧号轶，故呼车公），非丰不可。予立呼驯归候（自注：后当呼为川马），旋作答去。"驯乃其仆侯驯，后因该案从死。二十八日云："泓早间已分路看王庄去，车公亦今晨才作别耳。车公云本无短柄落定吴手，只威房移檄定吴，多借重车公，以是可危。予叩瀞，近变必有确闻。则云：'车公张王已甚，无暇以及它语也。'"张王即慌张的意思。五月初二云："传说都不堪闻，与前月杪无异。西山被屠，闻维斗亦遭此劫，大约妻子拘縶，此说近真。然祸已酷矣，为之皇皇。车公才与通八行，其姓亦易为李。"当日给陈子龙的信中说："然而此番危机，弟细察究可无恙。我既无行事可蹑寻，又无笔踪可推按，岂有挂名文移便可悬坐者。……而翁兄今日气志所动，吾辈之安危系焉。要使精华果锐之气时时叩存，切勿过于摧塌，若

> 谁不誓捐躯　杀身良不易

首乃曹副将也。吴诛两厅房，将诛卷，母已加诸曹矣。坐排卷，因诛藏及其堂兵。果尔些前闻五别客霾其喜是日亭，移中堂书橱拒东轩以避。温子姓皆为简料薄菱素闲，大鸿胪发亭。*时大鸿碧頫母夫人于此乡。*後步归沮南居民见其娘路，便生惹搶乾坤墙端乃至于此。卧後又闻元祐卧子俱授主菱，多因大官兵俱集雲间，一時谨言将兴失诹不得，不谋避地耳。

苍潞隨荆来接，𠭥因入菱頭，看二老，主大鴻來雨果，主諨言姥，了晨竢皆差權擔。地申刻菱信疾傳車至欲主移其衷。*卧揮拱故呼車乞。*非豐不可，予主呼馴歸候，*後羊將馬旋作愁吉川张俭。*善乎予忘逝苑之士云命之家也。今即以辇希為朱家，以张俭

◉ 顺治四年四月二十七日日记，陈子龙投奔嘉定王庵

为鲁国万事委运何暇沾〻许祸福哉。共旱连雨又作瀽涝状五痔言尽予方凄凄寒拥被潺冒雨还沤早间已予路着王左弃車子俟暑缓作别耳卑云本无经桷荡之吴季平咸厉修撒忽吴多倚重車子以是可危予叮嘱近之要必有确闻则予車子张玉已甚无聊以发宅诊视。

艽闻录人指多厮自一而三矣。盖为主接新设一弄继来楼上真如间泄言词谘邑令不不得而知也今日为切阵阗阗。一棠〻家始亲见之问其事则黑白倒易问所遇则難犬不在想天放以此满贯耳乃天〻更有不可解者我舟师闻浅福山止百人俱破于栈残之跨塘桥陈尼辈从天

歆首王王是杨非曹姓名多误其宅可知

⊙ 顺治四年四月二十八日日记，陈子龙处境危险，方寸已乱

将付之不可奈何者。……愿翁兄勿作速徙之图,至祝!至祝!"从信中的宽慰之语看,陈子龙此时的心情当非常焦虑。初五云:"王庵正遭苦略,居民兽散。……而丰浜去王庵只三里,川马之邻多所拟议,方谋它徙。则云中急报,事欲不佳。即本庄邻曲,咸奉鼠首矣。车公计无复之,遽欲行匹夫之谋,川马力挽入槎楼。泓夜分往视,且计先之于其所往。然此何时也,可为此事,难矣!难矣!"可见诸翟此时已很不安全。初六云:"大鸿方理归楫,告以急病之谋,渠亦欣允。……嘱以此寄慰车公,切勿出于下策也。"顾天逵(字大鸿)乃侯岐曾次婿,昆山人,为侯岐曾邀来同住近一年。此时因局势不宁,遂欲告归。《日记》中所谓的"急病之谋",实为托其带陈子龙离开嘉定。所谓"匹夫之谋",所谓"下策",当为陈子龙情急之下的一些冲动之念。初九晚,一路护送陈子龙到昆山的侯驯回来报命,告以陈子龙到常熟唐市投奔杨彝,为其所拒,又回到了昆山。侯岐曾闻讯后给其写信说:

  唐市之行,不遇朱家,便似所问非所对。要之,行止久速,莫非天定也。元兄杳然不报,甚异!甚异!儿正驰急足伺的音,而使者亦留之,不可得其往复语尔尔，恐不宜遽回本境矣。奈何？奈何？弟为大兵将入畷境，闻多所征捕。寒家实万分极危，然不暇自计，而亟望吾翁择其所安。真切心事，不出前柬所云，但愧意有馀而力不及。更无一条必稳之路，惟吾翁自审择之。

到这时其实已是穷途末路，无计可施了。

看起来，陈子龙最后选择的逃亡路线，是由昆山、常熟往西，设法进浙江，但清兵封锁了道路，转移非常困难。危难时刻，昔日的老友杨彝未敢接纳，使这一计划没能实现。据说陈子龙在危急时曾对人说："生我名者杀我身，余终以名死乎？使余早从先大夫及陈征君之言，不及此。"这话是针对其父早年规劝他："交道古难言之，而名者难副之物也，奈何驰骛以为亲忧乎？"和陈继儒对他"多言兵"而"好谋"的批评而发的（《於陵孟公传》），其中多少带点儿悔意。宋徵舆《东村纪事·云间兵事》还说，吴胜兆出事后，巡抚土国宝、操江陈锦、提督满兵总兵官巴山亲至松江处理此案，陈子龙闻讯准备逃亡，夏之旭劝他说："公有重名，人来迹公易耳，死义可也，逃将安至？"他回答道："我非图脱死也，幸不我索，大喜；即索我，从他所闻，先赴死矣，可以免辱。"似乎也不是凭空捏造的话。

杨彝，字子常，号谷园。崇祯八年（1635）岁贡生，曾任松江训导。早年与顾麟士创立应社，后又组织复社，家富藏书，与一时名流多所结交，颇享时名。查慎行《人海记》云其"家富于财，初无文采，而好交结文士"。侯岐曾信中提到的朱家为秦汉之际山东著名的侠士，好急人之难而不自矜，曾收留遭朝廷通缉的季布，但杨彝显非其伦。据说当陈子龙敲开他的门时，杨彝大惊，说："吾以陈先生在千里外矣，犹至是耶？"拒不接纳（康熙《紫隄村小志·人物·侯岐曾》）。侯岐曾信中的"所问非所对"大概即指此而言。

不想死的当然还有侯岐曾，他在极度困难的情况下一直忍辱负重，苦苦支撑。从日记中可以看出，为了安全考虑，他行事一直谨慎。吴胜兆谋反及名士通海案审结后，洪承畴给朝廷的奏报中，详细列举了所有案犯的姓名和犯罪经过，顾咸正、顾天逵、杨廷枢、陈子龙、夏完淳、侯玄瀞等都名列其中，唯独没有提到侯岐曾。从清政府的角度看，如果说顾咸正等被杀乃罪有应得的话，侯岐曾则多少有点显得无足轻重，他等于是被顺带杀掉的。

不想死的人不幸都死了。虽然死法各有不同，对生命的留恋程度也互异，但在势穷力竭、屠刃加颈之时，他们均能慷慨面对，无一屈服，都不愧为英雄。杜登春《社事始末》对此总结说："一时诸君子，慷慨就义，携手九原，朝拜十七年受恩之故君，晤对甲申三月殉难之旧友，含笑地下，视死如归。若非平日之文章道义相互切劘，安得大节盟心不约而同若此哉！"这让我想起了司马迁《报任安书》中的那句话："夫人情莫不贪生恶死，念父母，顾妻子。至激于义理者不然，乃有所不得已也。"诚哉斯言！

## 二

英雄并不是天生的，但侯氏亲族姻戚多忠烈（如杨廷枢、顾咸正几乎都满门尽节），死难之惨，世所罕见，细究起来也不是没有原因。它与儒学在嘉定的独特发展和侯氏家族的忠义传统是密不可分的。

明末文人结社成风，士子们喜声气，好结交。太多的意气之争，使许多江南文社脱离了程文课艺的立社初衷，普遍重浮名而轻实学。杜登春《社事始末》，对此有详细的描述。但在提到嘉定侯氏时，他是这样说的：

练川侯豫瞻、雍瞻，为其子元演字几道、元汸字记

○ 顺治三年十月十五日日记，提到张采来信和杨廷枢罹祸原、元洁字云俱、元泓字研德、元瀞字智含,世之所称五侯者,择师则黄子淳耀蕴生,取友则朱子昭芑明镐、陈子瑚言夏、陈子傲义扶、许子自俊子位、吕子云孚石香、葛子云芝瑞五、归子庄元恭、周子肇止傲暨吾郡徐子致远武静、顾子开雍伟南、余兄甲春字端成辈,搜罗实学,不事浮名,为吴下教子第一家法。

杜登春长姊为侯玄汸原配(后为避康熙帝讳改"玄"为"元"),其说比较可信。

黄淳耀《陆翼王思诚录序》回忆了早年与侯氏群从等结直言社的情况:

交道之丧久矣,高者不过斗炫诗文,下者乃至征逐酒食。其聚会也,或甘言巧笑以取悦,或深情厚貌以相遁。求其责善辅仁者,盖千百不得一焉。予为之慨然而忧,惕然而恐。壬午(按,崇祯十五年,1642)春,有同志斯道者十馀人为直言社,前辈则有高叔英,友人则唐圣举、陈义扶、苏眉声、夏启霖,门生则陆翼王、张德符、高德迈、侯记原、几道、研德、云俱、智含兄弟暨吾弟伟恭也。平居自考,咸有日记。赴会之日,各

> 出所记相质,显而威仪之际,微而心术之间,大而君父之伦,小而日用之节,讲论切偲,必求至当之归而后已。诸子奋志进修,日新月异。(《陶庵全集》卷二)

据侯玄汸《月蝉笔露》卷上记载,崇祯十七年正月初十第一次集会后,黄淳耀即发誓说:"今乘色力强健时,日日提撕,刻刻锻炼,成就世间一了事丈夫,亦不枉堂堂地作个男子。如再作一番闲话过去,上负父母生育,下惭人世供养,虽三世佛出亦救不得矣。龙天为鉴,食此言者必殛无赦。"其《掌亭文略》自序中亦称:"甲乙间从诸子论学,始有捐花叶、务本根之志。"黄淳耀的价值追求,其实也反映了侯峒曾兄弟为子侄择师的标准。

侯氏自曾祖尧封始,"便以'虚公正直'四字为立身大纲。……最耻是舍己操持,而傍人悲笑;置人职业,而苟及知交"(《月蝉笔露》卷下)。到侯峒曾、岐曾兄弟,更是不忘祖训,追求以清介自持,忠义承家。

世运变迁,灾难临近,人是会有预感的。明末的社会动荡,让注重文行出处、负有济世之志的有识之士,在危险还未出现之前,会不由自主地想到死。《月蝉笔露》卷下记载了这样一件事情。崇祯十六年(1643)春天,侯峒曾携母赴任嘉湖分巡道，杨廷枢、侯岐曾及诸子一路陪送至吴江八斥镇，夜间，大家谈到什么样的死法比较理想的问题。侯峒曾说："吾闻死水为良。"侯岐曾说："吾不知热油灌顶滋味如何？"然后轮到杨廷枢，他看着侯玄汸说："侄意云何？"侯玄汸回答说："但要看清死的题目，勿错过死的机缘，水火刀锯，都打算得明明白白，那时该激烈便与激烈，该潇洒便与潇洒，已是完吾生平，留人榜样，纵然亏体，不为辱亲。有信勿疑，有进勿退可矣。"杨廷枢听了遍问侯氏诸子："汝兄言是乎？"大家都表示认可。又问："汝曹能乎？"大家都表示能做到。杨廷枢听罢便拍案大呼："快哉！吾道不孤矣乎！"并再次提醒大家"勿忘八斥舟中一夕话也"。第二天，侯峒曾把昨夜的谈话内容告诉了母亲，她除了表示赞赏，还讲了自己的看法，认为"死水较洁净也"。结果这场谈话几乎句句成谶，预定了每个人的结局。侯玄汸后来感叹说："其后银台果以水死，文节（按，侯岐曾私谥）、维斗、几道、云俱先后各以兵死，太恭人亦卒以水死，予水死再而复生，智含客死，研德病死，皆可谓不忘此一夕话者。不知者以为悬谶耳。"

《侯岐曾日记》无法记录后来的事情。陈子龙在唐市遭拒后，顾天逵把他藏在吴县潭山祖墓旁一间小屋中。追捕的兵丁先是抓住了他的随行童子，审得其藏身所在及逃亡经过，因此连带出了所有帮助过他的人。五月十一日，五百名全副武装的兵丁押着被获童子来到诸翟，逮捕了侯驯，并逼令他带路寻找家主。侯驯为给侯岐曾争取逃脱的时间，故意将兵丁引往别处，且坚称此事与家主无关，为此受尽了拷掠。侯岐曾知大限已至，并未逃跑，而是端坐以待，等到老母从旁屋避出，即就缚。侯母出门后，立即投水自尽（陆时隆《侯文节传》、康熙《紫隄村志》）。母子二人，谁也不忍心再看到对方绝望的眼神。

侯玄汸《月蝉笔露》还详细记录了事发之后，他和玄瀞逃亡的经历，续补了《侯岐曾日记》没能提供的一些内容：

> 丁亥五月十日，偕智含至西郊。明日予入城，以籍数报当事。方与承行吏饭，闻追陈黄门兵至厂头，先君被执，仓皇出城，与智含潜渡东郊，匿一民家。明日追智含兵至邑，即与俱遁。

他们一路提心吊胆，趁夜离开嘉定，辗转逃到苏州小华山中峰禅院苍雪法师处。两天后，家中人送来消息，知祖母、父亲俱遭不幸，且当局搜捕玄瀞甚急。玄瀞感到生路已绝，想

⊙ 叶池碑（侯峒曾父子投水自尽处）　　⊙ 陶庵留碧碑（黄淳耀遇难处）

回去就死，玄沨力劝不可。他的理由是：

> 汝于大宗所谓九鼎一丝者也。吾父三子，各有一孙矣。吾子生虽旬日，此际存亡未可知，然王母及吾父既见之矣。吾可以死，汝速行，且观变矣。吾死于郡境，展转报闻，往来推验，必逾旬日。及知非汝，汝徒行日可三五十里，此时定在五百里外矣。且研德或未出境，彼缓急必能捍御。吾三人平昔讲究审矣，今日易地皆然，汝勿疑矣。

两人即于佛前焚香行礼作别。苍雪亦劝玄瀞赶快离开，嘱其出门"切莫向熟处走"。

与玄瀞分手后，玄沨乘故舟沿原路往回返，途中尽解腰间金赠船家，然后投水，良久被人救起。大家劝他说："吾侪小人，知公忠义家，盍亟去，留衣在此，若追者果至，但云水次得衣，行求尸耳。"并建议他"且入吴山，徐计之"。玄沨此时抱着必死的决心，骗开众人，驾船行至河中央，又跳入水中，结果再被救起。两次投水获救后，他放弃了死的念头，在大家的安排下上了吴山。有老僧连夜为其剃发，取名正一，并教授了佛门基本礼仪，然后授钵送出。他重新回到中峰寺,被苍雪挽留,在此躲过了危难。而其时玄瀞已逃到了五百里外的灵隐寺。

这期间,家中的事一直都靠玄泓独立支撑。追捕的人逼他说:"尔欲自脱者,请从山中求令兄亡人斯得矣。"玄泓既"以诚心格之,且重赂之",所以追兵一直迟迟未发,直到事态完全平息(《月蝉笔露》卷下)。对于他所承受的压力,汪琬后来在为其所写的墓志铭中有所述及:

> 先生兄弟合群从仅六人,仲兄前夭,两从兄又皆从其父死,伯兄又挟从弟瀞亡命,惟先生在耳。顾以独力撑拄其间,上应官府符檄,次谋殡殓,次拊孤寡,盖濒于死者数矣。其室孙孺人病垂革,先生亦不暇恤也。有司捕瀞不获,遂执先生应命。上官誂以好语,胁以严刑,俾具白瀞踪迹。先生慨然力辨,不少动,久然后得释。(《贞宪先生墓志铭》,《尧峰文钞》卷一三)

侯氏孙辈中年龄最大的是玄洵遗腹所生的侯檠,时已七岁。危难来临时,其塾师陆元辅不顾安危,携之而逃。张云章在《菊隐陆先生墓志铭》(陆元辅字翼王,号菊隐)中描述了当时的情形:

> 先生少时亦师雍瞻……雍瞻以其孙蘖及开国受业于先生。居无何,雍瞻亦被逮。逮急时,先生念巢倾卵覆,师友之谊,当使死者复生,生者不愧。急排其闼,挟蘖与俱,且视所藏书有侯氏先世及广成父子之遗文,与夫雍瞻所作,搜取凡数十束,载小舟潜去,间道入越中,旋闻雍瞻亦以死殉,位而哭。事平乃与蘖俱返,而侯氏家集亦藉先生得完。(《朴村文集》卷一四)

这场救孤的义举,感动了不少人。陈维崧在《赠陆翼王序》中说,明亡后,侯氏"一门争死,七尺无归。藐尔诸孤,行焉将及。时翼王陆氏自称击筑之佣,谬作卖珠之客。重关半夜,私出田文;复壁三年,深藏张俭。间关亡命,犹授《孝经》;涕泣避仇,每传《论语》"(《陈迦陵俪体文集》卷八)。可见当年在紧张的逃亡过程中,陆元辅仍能不失师职,坚持授经。

侯蘖最后逃到了太仓,他和张溥的女儿早有婚约❶,所以在此躲过了一劫。这有陆元辅替他写给张采的陈情书可以作

---

❶ 张采《庶常天如张公行状》叙张溥身后事云:"女一,公殁后采许字嘉定太学侯公岐曾孙蘖。"可知这桩婚约是由张采主持议定的。

证。信中说:"不意中夏初旬再罹奇变,阖门老幼,死别生离,惨酷之状,不忍形之笔墨。橥于此时,仓皇逃遁,几陷虎口,赖陆师拯之于惊风黑浪之中,昼伏宵行,仅至贵邑。又赖岳母暨诸亲长,全之于覆巢破卵之后。"(《代侯生上张仪部书丁亥》,《陆菊隐先生文集》卷一四)

侯家多名仆人受到连染,一起被杀的除了侯驯外,还有俞儿、朱山、鲍超、陆二、李爱五人(康熙《紫隄村志》卷五)。在《侯岐曾日记》中多次出现的两位叔父侯鼎旸(字文侯)、侯艮旸(兼山)也受到了牵连。他们被抓至松江,械系普照寺中三日夜,经表亲杨文竭赀营救,始得释归。

## 三

随着时间的推移,南下的清军很快就稳住了局面,江南的抵抗也渐次消歇。"存者且偷生,死者长已矣。"对大多数人来说,生活逐渐恢复了平静,也进入了常态。生死的选择此时已成为过去,曾经的精神困境也不复存在。但对有些人来说,另一个问题却开始浮现出来,那就是在新政权统治下,出仕者面对隐居者,偷生者面对尽节者时,内心挥之不去的尴尬和愧疚。这让他们不自觉地又跌入了一种道德的困境中。

因出仕清朝而深感愧疚的首推李雯（字舒章）。李雯的父亲李逢申原为明工部虞衡郎，曾被诬罢归。崇祯十六年，李逢申官复原职，李雯随侍至京。不久李自成破京师，李逢申受尽拷掠后自缢。李雯为守丧滞留京师，生计无着，清兵入京后被荐授弘文院中书舍人，此后清朝的许多诏诰据传皆出其手。

李雯为松江府上海县人，乃贵公子出身，早年与陈子龙、宋徵舆等为几社成员，好以古学相砥砺，重经世之学，且工诗赋，世有"云间三子"之目。仕清以后，曾经被他和朋辈视为立身根本的道德节义，成为沉重的负担，压在他的心头。但他委身异族，实有其不得已处。从客观方面说，清兵入京时，他亲丧在堂，自不能弃之而去；欲扶榇南还，其时南北交通阻断，又资斧不继。从主观方面说，其父死于李自成之手，故他恨清人也远不及恨大顺。

然而随着南方局势的变化，清兵对无辜的民众大肆屠杀，昔日的社友和知交纷起反抗，或死或隐，又使他不能不对自己的选择表示怀疑。崇祯十六年冬，在随父北上的时候，他曾有诗赠别陈子龙，以明其志。第一首末云："鹰隼谅不避，奇节安可望。"不避鹰隼，言其将不会畏惧恶人。

而谓高节不及陈子龙,则有自谦之意。从中可以看出,他自许是颇高的。第二首诗则表达了对分手的不舍:"群乌思反哺,鹿鸣亦念饥。两义苟不兼,暂复从此辞。"(《北上酬别卧子三首》,《蓼斋集》卷一三)但令他没想到的是,这次分手几乎成了永诀。等到他们再次相见时,不但在身份上已各非其类,甚至还互处在敌对的位置上。

李雯的心里是有委屈的,他曾经作诗自解:

君子有明训,忠孝义所敦。岂曰无君父,背之苟自存。念我亲遗骸,不能返丘园。偷食在人世,庶以奉归魂。彼轩非我荣,狐白非我温。太息俦侣间,密念谁见伸。落日怅悠悠,策马望中原。枯薤飞为尘,猺狫居人垣。造物岂我私,气结不能言。"(《李子自丧乱以来追往事诉今情道其悲苦之作得十章》其七,《蓼斋后集》卷一)

又说:

风尘何冉冉,岁月忽已晚。惊魄悼前危,羁情迷后苑。雀蜃移海波,橘枳变淮畎。我生亦已微,倏随时化

转。哀此形累牵,致我令名短。父兮父不闻,天乎天盖远。南土旷茫茫,北风吹不断。离居发苦吟,怅然神独惋。"(同上其十)

对他来说,虽曾在崇祯十五年(1642)中过举人,但终明之世并未出仕,故其出仕清朝不应算严重的变节。只不过在清兵下江南的时候,许多诏令檄书皆由其起草,针对的又是故国百姓和前朝旧雨,这不免给人以鹰犬爪牙的印象,不能为后世所原谅。

李雯的愧疚也是深沉的。顺治三年他回乡葬父,出京前先给陈子龙去信,表达了自己对旧友的思念和心中的不安:

三年契阔,千秋变常。失身以来,不敢复通故人书札者,知大义之已绝于君子也。然而侧身思念,心绪百端,语及良朋,泪如波涌。侧闻故人颇多眷旧之言,欲诉鄙怀,难于尺幅,遂伸意斯篇,用代自序。三春心泪,亦尽于斯。风雨读之,或兴哀恻。时弟已决奉柩之计,买舟将南,执手不远,先此驰慰。"(《东门行寄陈氏附书》,《蓼斋后集》卷一)

这种愧疚感在他接到夏完淳的《与李舒章求宽侯氏书》后，再次涌上心头，忍不住发书流涕。从《蓼斋集》中《春日散愁兼答侯雍瞻出处之问》、《赠侯文中新婚诗》、《侯生哀辞并序》诸诗，可见他与侯氏曾经有过交情。如今昔日的老友被人鱼肉，自己无力援救不说，却还成了施害者的同类。他的眼泪中，应该包含着复杂的感情。

第二年，李雯北上，因病卒于途中。有一种说法是，他是听到陈子龙被俘的消息后，惊悸而死的。不管事实如何，长期的压抑，对他的健康应该造成了一定的损害。

顺治四年中进士的另一位几社成员宋徵舆（字辕文），心态也是复杂的。宋徵舆为松江府华亭县人，早年与陈子龙、李雯一起选定《皇明诗选》，交往密切。顺治四年秋，夏完淳通海遭捕后，被解往南京会审，路过常州遇到了宋徵舆，有诗说："宋生裘马客，慷慨故人心。……风尘非昔友，湖海变知音。"（《毗陵遇辕文》）"非昔友"是指两人的身份发生了变化，"变知音"则说彼此已有了隔阂。结合这两句看开首的"裘马客"之描述，似乎就有了一种别样的意味。

关于明末社局中人后来参加清朝科举的情况，杜登春《社事始末》有过一段说明："本朝定鼎，人材汇征，南国文人竞赴宾兴之会,乙酉、丙戌连举孝廉,两秋之间,社中诸子联镳登选者,相庆弹冠,类皆明末孤贫失志之士。"其中就举到了宋徵舆。由此看来,宋徵舆的应试,颇关出处和生计考虑。

但不管如何,面对昔日同志半登鬼录的现实,宋徵舆也得给自己的良心一个交代。在《夏瑗公先生私谥说》中,他回忆了和陈子龙给夏允彝议谥的经过。当陈子龙决定以"忠惠"定谥时,宋徵舆问他"惠"之所指。陈子龙说:"知死必勇。夫夏子岂不知致愤于疆,必有与毙哉?岂不知绝脰剖肝,足以耀志哉?以为彰誉而残民,亦勿攸济,有勿忍也。"宋徵舆听了说:"善哉,吾未之前闻也。《礼》曰:君子表微。夏子之惠,非吾子勿闻。若夫忠,则行人知之矣。"接着,他发了一段议论:"及顺治四年,孟公死于吴氏之难,侯生岐曾、张生宽,与者数人焉。夫使孟公有知,不亦恨于多杀国士而重思夏子乎?忠则犹是也,而惠竭矣。"(《林屋文稿》卷一一)对陈子龙连累多人的做法,有些不以为然,这很透露了他内心的复杂。循着他的思路往深里讲,如果说组织民众做无谓的抵抗有"彰誉残民"之嫌的话,那么陈子龙为逃生而连累无辜,似乎就不仅仅是"惠竭矣"的问题。我们很难想象,这样的话会从陈子龙曾经最要好的朋友口说出。宋徵輿后来官至福建学政，颇称得人。

不仅出仕的人会有精神包袱，隐居不仕的人，面对有些死者，心里也会不安。嘉定的王泰际（字内三）与黄淳耀为同榜进士，《嘉定屠城纪略》中说，嘉定城破前，王泰际曾劝黄淳耀打开西门，给逃难的百姓放条生路，语极哀恳，却被黄淳耀断然拒绝。王泰际乃"急走南门，缒城逸去"，最后活了下来。在《侯岐曾日记》中，他和长子王霖汝（字公对）的名字曾多次出现，可见两家往来还算密切，侯家对他的提前脱逃也是能接受的。问题是王泰际自己，心里并不坦然。入清以后，他坚持隐居不出，以遗民终老，但"畏死"的形象，始终让他不能自安。

王泰际去世后，其同乡张云章为作《贞宪先生传》，拿他与黄淳耀做比较，还替他辩解说：

> 天下莫不知黄先生之义烈，然而犹自谓可以无死者，与先生皆未受职，且黄先生有父而先生有母，忠孝可以两全也。……噫！黄先生与先生皆非畏死者，苟可以不死而仍不失吾之所守，亦何必以其身委之一烬？士之有君，犹女之有夫也。其以身殉夫者烈也，终其身守之不变者贞也。士不幸而遭国家丧亡之日，

> 所出唯有两途,与夫既嫁而孀居者何以异哉!"(《朴
> 村文集》卷一三)

以意逆之,张云章的这番说辞,未必不是生前得之王泰际本人之口。

对于黄淳耀他们的抵抗行为,即使在守城的当日,也有人持不赞成态度。顺治二年六月十六日,黄淳耀给另一位守城负责人龚用圆(字智渊)写信说:

> 今早至南关,见我兄区画谨严,井井有法,所练乡
> 兵皆俯首承教,当由贤昆季忠愤之气实有以摄服之也。
> 而偷生败节之徒,辄哂为螳臂当车,自毙身命。噫!读
> 孔孟书,成仁取义,互期无负斯言而已。若辈无知,一
> 任诮笑可也。

在孤立无援的情况下,"成仁取义"需要以生命作代价,这是任何人都明白的道理。黄淳耀他们的自我牺牲精神,无论如何都是伟大的。

生命对每个人来说都只有一次,取舍之际,各人的考虑永远是不同的。太平年代的人,永远无法体会乱世人的心

情。但我们必须要明白，承平之世写道德文章易，危难之际行杀身成仁难。这是读书人最易忽略的问题。时势既能造英雄，有时也会成为人性的镜子，照出人类的复杂和一些人的尴尬。

# 彩云散后空凭吊——闺阁膺世变

侯家的女性，世守祖训，喜怒不形于色，步履动有常处。龚氏而下，侯歧曾夫人张氏最得重闱之欢。但到了孙媳妇一辈，个个熟读书史。锦帏重重，时举兰亭之会；群雌粥粥，谁逊咏絮之才。闺中风气，遂为大变。明亡之前，她们在这个阀阅世家，一起度过了人生最后的幸福时光。

夏淑吉《六姊孙俨箫殁于丁亥家难为赋一诗》云："忆昔于归纨绮丛，郎家声誉擅江东。肃雍自叶房中乐，散朗仍归林下风。日暖画楼彤管丽，春深珠箔麝兰通。彩云散后空凭吊，野哭荒郊恨几重。

传统的历史书写总体上看有两大缺憾：一是忽略细节和场景，漠视在场者的感受；二是基本以男性为中心，忽视女性。如果说前一点是由宏观史学的强大传统和书写方式造成的话，后一点则与女性的社会地位和活动空间密切相关。

一般来说，中国历史留给女性的记忆空间，只有各类史志的"列女传"，和部分文人别集中的墓志、碑传、寿序等文字。进入"列女传"得以苦行（有时甚至要搭上性命）为代价，而能进入文人的别集则通常是母以子贵的结果。要知道，在过去为人诔墓、颂寿，一般是有报酬的，这是文人收入的一大来源。而求人为自己的父母写碑、传或寿序，除了要付酬，还得凭交情。文章写出来，作者刻集子的时候，又得提醒不要漏收，这样才能达到使自己亲人"不死"（永垂不朽）的目的。因此就不难理解古人的文集中，为什么会有如此多的碑传文，而且越是名家的集子里，这类文章占的比例越大。这其实是作者影响力和传播力的一种证明。

一

嘉定侯氏在顺治二年七月初四和四年五月十一日两次遭创，家庭的七名成年男性四人先后遇难（侯峒曾、玄演、玄洁和岐曾），剩下的三名，玄泓被执，玄汸、玄瀞出逃。在这样的背景下，女眷们的遭际可想而知。但由于这个家族的身份特殊，清初人的文集里一般很少提及。另外，田房、财产被籍没后，其家运转衰，后人虽能坚贞自守，不坠先绪，却常贫不自给。所以，这些女性很少有完整的传记流传下来。

和江南的许多世家一样，侯氏凭借科举上的成功跻身地方精英的行列，通过与宦族联姻，影响力进一步扩大，逐渐成为一方望族。侯岐曾的母亲龚氏，出身嘉定名门，父锡爵为万历二年（1574）进士，官至广西右布政使。侯峒曾夫人李氏为"嘉定四先生"之一李流芳的堂侄孙女，其祖父李先芳为万历十七年（1589）进士，官至刑部给事中，父绳之以孝名。侯岐曾夫人张氏为嘉定张汝端女，祖父张恒为万历八年（1580）进士，官至江西右参政。

侯峒曾婚后，由于夫人李氏多病，生子较晚，所以三子皆少。"上谷六龙"按年龄排序为：玄汸、玄洵、玄泓、玄演、玄洁、玄瀞。其中玄泓与玄演同年生（侯玄瀞《侯忠节公年谱》）。诸子中，玄汸原配杜氏，为杜麟徵长女，崇祯九年（1636）病故，其父麟徵为崇祯四年（1631）进士。继配宁若生为吴江人，其祖父宁绳武为明万历四十一年（1613）进士，曾任大理寺评事。玄洵妻夏淑吉为夏允彝长女，允彝为崇祯十年（1637）进士，曾任福建长乐知县。玄泓原配孙俪箫，为明末登莱巡抚、右佥都御史孙元化孙女，继配章有渭为罗源知县章简第三女。玄演妻姚妫俞为万历四十七年（1619）进士姚希孟孙女、解元姚宗典女。玄洁妻龚宛琼为祖母龚氏侄孙女。玄澥原配张氏为张恒曾孙女，与侯岐曾夫人为姑侄（侯峒曾《大中大夫江西布政使司右参政明初张公暨配顾淑人墓志铭》），惜早卒。

在明清易代的时候，侯氏已成年的女儿有四人，其中侯岐曾三个，侯峒曾一个。未成年的四人，亦是侯岐曾三个（《日记》中提到的"清"、"云"、"玉"，俱幼），侯峒曾一个（名怀风，《日记》中称"翔姐"，当系小名）。据侯峒曾《先考吏科给事中恤赠太常寺少卿吴观府君行状》，岐曾长女嫁给了昆山王志峻，似已早卒。故《日记》中未见提及，只在二月二十二日给次婿顾天逵的信中问过一句："王氏孤甥今在何许？"次女妻顾天逵，《日记》中称"女定"。三女名达真，《国朝闺秀诗柳絮集》云其名蓁宜，《日记》中称"女华"者即是，在祖母龚氏的主持下嫁给了其族侄龚元侃（字得和）。峒曾长女怀贞（《日记》中称"达本"）配于昆山徐开度，为万历十一年（1583）进士徐应聘孙，其父徐永芳曾任湖南宝庆府推官。

侯氏一门的基本婚配情况如上所述，这张姻亲网络虽由家族的直系亲属织成，但一些间接的关系，也在不同程度上对其起着加固作用。比如姚妫俞的母亲和顾天逵叔父顾咸建的夫人即为亲姊妹（钱谦益《张异度墓志铭》，《有学集》卷五十四）。这张姻亲网足以说明侯家在当地的影响力。

明亡以前，侯氏生活富足，子弟读书知礼。侯母龚氏以贞静简默为教，阃范端严，闺闱有秩，家中婚嫁，素守简朴。孙女达本出嫁时，婆母爱其少子，私致奁资于李氏，令作陪嫁，然后招呼亲戚说："嘉定风俗，新妇三日请姑开箱。"当众把提前送的元宝从箱中取出，还对人夸赞道："亲母费心！"龚氏闻讯极为生气地说："败吾家累世清名者，此举也。"达本归宁时，嫁衣下裾皆断数寸，说是昆山的新样式。龚氏见了更是不满，批评说："翻箱用吾俗，着衣独不可用吾俗乎？暴殄天物，必不长矣。"崇祯元年（1628）三月十四日，侯岐曾夫人张氏病故，年仅三十四岁，遗下六个儿女，最小的女儿达真尚幼，全凭龚氏"手自拮据以至成立"（侯玄泓《月蝉笔露》卷下）。

侯家的女性，世守祖训，喜怒不形于色，步履动有常处。龚氏而下，侯岐曾夫人张氏最得重闱之欢。但到了孙媳妇一辈，个个熟读书史。锦帏重重，时举兰亭之会；群雌粥粥,谁逊咏絮之才。闺中风气,遂为大变。明亡之前,她们在这个阀阅世家,一起度过了人生最后的幸福时光。

## 二

明亡之际,深处重闱的侯氏女眷,最先承受亲人惨死之痛的是侯峒曾夫人李氏,但制造这次惨剧的还不是清兵,而是所谓的乡兵。《嘉定屠城纪略》详细记载了这次事变的经过。

李氏的堂弟李陟(后更名李拱,字舜良)少负俊才,有时名。南都覆亡后,即于乡里纠合义旅,准备组建匡定军,并向南翔镇的富户派饷。这引起了一部分人的怨恨。顺治二年闰六月二十二日,嘉定守城期间,有人造谣李陟暗通清兵,聚众上门闹事。李陟与堂叔杭之自恃清白,对众漫骂。诸人平素较怕李氏之人,担心事后遭清算,索性一哄而上,破门直入,将其一家老幼,全部杀害,随后又分路捕杀李氏各宗,尽赤其族。所以到《侯岐曾日记》开始的顺治三年,李氏内戚经常来往的,只剩下李杭之的儿子李圣芝和李陟的孤子。

康熙《紫隄村小志》引吴骐《颛顼文集》中的话,概括了明亡之初嘉定地方的乱象:

> 南都既溃,列郡皆降。吴总戎志葵倡义起兵,远近村落,无不聚众自固,因而劫掠相仇,杀人纵火,洙泾、枫泾、新场、周浦、斜塘、南翔诸处尤甚。村落之最小者,亦戕害一二行旅以示威。

《紫隄村小志》也指责说:"练乡兵即云为国,然乘时为暴,殃及远人。"这场灾难给李氏造成的精神伤害应该是极深的。

但对她来说,这还不算最痛心和难过的事情。因为一个月后的七月初四,嘉定城破以后,丈夫和两个儿子的惨死,还将给她带来更为沉重的打击。由于资料匮乏,我们无法得知,这个不幸的女性,在亲人迭遭厄运之后,自己是怎么撑过来的。倒是咸丰《紫隄村志》卷八记录了婆母龚氏安慰她的一段话,可以看出她们秉持的大节观念:"尔夫子死节,吾有子矣,且尔亦有子,益可慰。"

顺治二年秋冬之际,侯家熬过了惊慌逃难的日子,在诸翟旧居暂时安顿了下来。活着的男性们开始忙着对付官府,处理籍没、取租事务。成为未亡人的李氏婆媳,则陷入了无边的痛苦与寂寞,与他们同病相怜的,还有独守空闺多年的夏淑吉。年过半百的李氏连遭命运的残酷打击,受伤极深,于顺治三年六月十六一病不起,十日后即含恨弃世。在《侯岐曾日记》中，她的身影虽曾多次出现，但没有留下任何言语。只在去世的当日，侯岐曾追记了一段说："嫂病笃，屡寄累我之言。弥留，哼哼索予授侄数物。嘱侄无它语，但云'叔叔'，而不能竟其词矣，痛哉！"《日记》给人的这种沉默的感觉，或许正是她精神状态的一种反映。

三个年轻的孀妇，则面临着如何打发未来光阴的问题。已经独居数年的夏淑吉，在经历了国亡家破、夫死父丧的一系列变故后，即与母亲盛氏相约，决心遁入空门，以焚修礼忏尽其馀年。顺治三年除夕，盛氏因家乡遭大掠，来投奔女儿，入住其新购之陈园，并于正月初八正式削发。侯岐曾在《日记》中说："夫人此来，元与吾媳有空门之约，庶几不愧庞婆矣。"庞蕴乃唐代著名的禅门居士，与女儿灵照一起修行，据说其一家四口后皆开悟。故此以庞婆拟盛氏。三月初十，夏淑吉亦剃发。她决定从此"敕断家人礼数"，而且"祝发之次，便提孤檠相付，呼伯父母为父母。如延师娶妇，并有规画"。

夏淑吉字美南，号荆隐，为夏允彝长女。慧而有勇，善诗文，《夏完淳集》中有赠诗多首。剃度后初名净云，后改神一，号龙隐（《国朝闺秀诗柳絮集》云其著有《龙隐遗稿》，却误将夏淑吉、夏龙隐当成了两个人。此或沿袭了陈维崧《妇人集》之误）。对于决心出家的夏淑吉来说，剃发虽易，要真正割断尘缘则很难。在《侯岐曾日记》中，我们看到她不但为侯家的事务热心奔走，还为儿子的婚事操心不已。十月初三《日记》云："净云久蓄拾金贰币，候娄东新妇，至此始议晚香一行。予作受先（按，张采字）一札。"娄东新妇指张溥之女，与侯檠早有婚约。侯岐曾在给张采的信中说："儿妇虽已寄迹空门，儿女之怀，亦何能尽遣。且已久郁未伸，专遴一介，从西嫂（按，指张溥夫人王氏，因张溥字西铭）处通候，实不过欲讨'平安'两字耳。"另外，对于侯家的安危，她始终都未能坐视。顺治三年七月初五《日记》云："净云入槎，半为吾家事，与平南计议。"这是在催租的压力下，找夏平南商议宽免之法。后来夏完淳给李雯写信，也是夏淑吉去送的。八月初八临行前，侯岐曾写信表达了感谢："忽得手报，知师亦同行，非意所及。至诚而不动者未之有也。吾辈可以安身，可以安心矣！馀不能尽嘱。"谢尧文被捕的消息传来后，侯氏举家惶恐，又是夏淑吉亲往松江探信，讨得了平安消息。另外，侯岐曾为孤侄玄瀞议婚，向舅家盛氏通媒的仍是她。十月二十九日《日记》云："将为吾侄议婚盛氏，先托荆隐通词，是日召来与商。荆隐多作郑重语，予谓知有寒修，不知有灵氛也。遂订即日亲往。"十一月二十七日，"荆隐松回，持吉庚至。知姻盟果谐，破愁作喜。"作为家主的侯岐曾，当然也一直关心着这位故人之女的生活。顺治三年九月二十五日，侯岐曾有信给她，讲了自己的病情，并送去三十两银子供其生活之用。顺治四年二月十六日，又"检贰拾金应其然眉"。这些细节既见夏淑吉的胆识和担当，又饱含着患难中的亲情。

姚妫俞字灵修，《日记》中有时称为"七侄妇"。侯玄汸《月蝉笔露》中说，"乙酉以后，几、云两弟妇争言尽节"，说明她和龚宛琼曾经都想过死。后在家人苦劝下，才放弃了轻生的念头。据《日记》记录，顺治三年三月十四日，玄泓夫妇曾试图劝她礼忏陈园，但仓猝没能如愿。四月初一，玄泓又写信"力恳妫俞、宛琼暂依净云究明大事"。这其实是想让她们能有个精神寄托，令其心有所安。初七日侯岐曾给玄泓的信中便有了这样的句子："妫俞祝发，俟伯母归禀命，良是，良是。"说明她已接受了出家的建议。初八日《日记》云："与侄过陈圃，娣姒相从礼忏，不复以世眷相目矣。妫、琼剃染计决，已选望前一日。"两人最终于十四日剃染。十五日侯岐曾"从泾南至陈园，见两头陀，宛如梦中薜苈（邂逅），却不敢复道悲感矣"。在五月初四的《日记》中，侯岐曾便开始以法号"慧净"称之了。八月初八，慧净改号"再生"。再生亦能诗，著有《再生遗稿》。

寡妇赋叙

明隆武改元乙酉夏六月，嘉定老纳言侯公及二子玄演玄洁率师镇守于邑。七月，城陷。阖门殉之。二子有妇曰姚与龚。曲逆姚先是归宁于吴。乃奉老姑心绝走悲。5 （道阻，讣不以时其间年。）与5 （此处不识）棚避西山。兵革道阻，讣不以时其间年。以死家之人无之。二子之弟言辟为著寡妇赋以勉之。友人邵天遂序龚宛琼出家后法名慧明，后改印光，号妙指。婚后育有一女名巽来，尚未满周岁，寄养在城中母家。嘉定围城期间，龚宛琼奉婆母李氏避居乡间。城破时，娘家托人将巽来送归其父，玄洁即抱投水中，然后跳水自尽。

与他们同时出家的还有侯峒曾的长女侯怀贞。怀贞小名达本。侯峒曾《示徐女》诗云："自汝辞家事伯鸾，阴阳人道总悲欢。五年一见浑无语，双泪千行只暗弹。聊伴药炉当井臼，粗谙书卷谢罗纨。菀枯解得空花意，苦雨酸风也索安。"此诗写于明亡之前，据诗意看达本时已孀居，境况颇为凄凉。顺治三年二月二十二日侯岐曾给顾天逵的信中曾问："达本能脱然入道否？"知其此时已有出尘之思。四月初七给玄泓的信中又说："如达本所处，直是舜不告瞍之义耳。然天下未有负罪于姑，而可以安然称佛子者。逆境人与顺境人大别，随机圆应分寸不差，才是三教和合处也。"据此可知徐开度母并不赞成达本出家，由此造成其与婆母之间嫌隙颇深，以致侯岐曾不得不于六月初二去信相劝：

然阿师所处，尤为变中之变，虽千百言不能道其悲愕耳。今则千百言不能了者，都付半偈销归，何等猛利快彻。但尘浊之缘，须合下尽划，而妇姑之节仍不可不修。待得化尽嫌疑，便望一叶东来，偕诸缁侣证成大事。至切！至切！

达本出家后法名契中，常携其所抚嗣子居于嘉定，与侯门法侣一起修行。《侯岐曾日记》记录了他们共同参与的一些法事活动。

可以想见，如果不出意外话，夏淑吉、姚妫俞、龚宛琼和达本四人，将在法幢下，平静地度过剩馀的人生。但相比于家庭比较完整的宁若生和孙俪箫来说，她们的人生无疑是寂寞、灰暗的。

## 三

顺治四年五月十一日后，侯家暂时的安稳被彻底打破，诸位女眷的人生路径，也几乎完全被改变。命运再次表现出了它不可捉摸的一面。

灾难最终来临之前，他们曾经历过一场虚惊。顺治四年三月二十五日，谢尧文被捕的消息传来后，因听说有马兵下乡，侯岐曾不得不携家出逃。当时正下大雨，他抬头于"舟隙望见两师亦在泥途，此则未免心动"。在举家逃难的时候，奔走在泥途中的姚妫俞和龚宛琼，多少有些无依无靠的落寞和凄凉。但其他姐娌后来的遭际，却使她们的出家行为，相比之下有了侥幸的味道。

侯岐曾被捕的当天，家中女性自尽的除了其老母龚氏，还有一妾刘氏。侯岐曾原配夫人张氏于崇祯元年（1628）三月十四日病故，崇祯十一年（1638）后他连纳两妾，即《日记》中几次提到的"两侍者"。据康熙《紫隄村小志》记载："刘氏为卒所得，度不得脱，绐之曰：'吾有遗金藏河干，盍往取焉。'卒信之。及河，跳而没。诸婢从死者数人。"至于其他人的遭遇，相关文献未见记载。倒是汪琬在《跋拟明史侯岐曾传后》中，借玄泓之口透露了一些当日的情形，说清军共"统兵五百，联舸四十，若将摧严城，当大敌者"，然后"担囊揭箧，絷其妾妇厮养，罄室而胥劫之。班师之后，复出所劫，一妇人至责值数百金"。杜登春《尺五楼诗集》卷四《八悯诗》之六《有明太学上舍雍瞻侯公讳岐曾》诗有句云："幼女受银铛，卖珠欣转蓬。"其自注说："女甥十龄，许子位长君，被掳后，记原卖珠、钏赎归。"诗中的"幼女"和注中的"女甥"，指侯玄泓的长女，小名柔来，系玄泓原配杜登春长姊所遗。据此亦可想见当日侯氏"一间婴惨祸"、"男女被囚缚"的惨状（《有明太学上舍雍瞻侯公讳岐曾》）。

够苦矣。此刻道流言沸兴，如不能须臾防范，呼妇人舟楫来视予。痛言寿宁而去之万、非计然。不能更防矣，姪于黙烽時入菴，盖至此日始不得為戴髮之氓也。予尝而見尘重经剪鬚，傷氣尤實。晚過惠屋則知此两人之言非予虚此待下回矢鮮乃恭座人情摇乱，更不能待下回矣，自己商此已怨，莫念于昼晚撰去新菊待予。如此授，督尔天明石室瘦夫一合眼萎矣。芝天明，掌小艇。見吾母知夜霞頻安而居情勢頓異都是命宫含諸也。喜興生道向灶挟徳。急見九實速士送就桃玉夜至不能更而須更小骨傅國俄報馬兵已集白鶴寺打中火，即刻主矣。雖欲無動、不可止。吾母扶入小艇家亦相從。

◎ 顺治四年三月二十五日日记(1)，流言沸兴，侯氏举家不安雨下如注。舟隐望见两师亦在泥塗。此则未免心动。时一叶飘流菱芝去。而雨甚乃挽一民家歇。榘安烦亦援小逗来会。而涛眼皆自晨黑中先后聚首于此。晚警絷乎就宿。细素马兵为尔云运理小青为属讹哄遂次计适宿恵庄。予听探君如小死母则达旦未宁起。经迤徊小舟中夜抵桃榽宿穷遗哭状乃至于此。时玉汝九实俱踉跄分敢远去。托令打信旋头暘来杏恭翔。三月告此潘多而传盖青自崑来云修中提牌先至县中。差官穷搜宅中缚其一僕此武陵的耗也。揭不知舍稽上各何以少屋。而荆隐特隆云向飘粹了。则知彼中辞然且谓吴辇近有文情。两家可望无虑亦书此来准。损之居内人惟刾、相防不敢轻萠偉

⊙ 顺治四年三月二十五日日记(2)，听说马兵即将下乡，侯氏举家冒雨出逃

对于这段家门之辱，侯氏后人一直讳莫如深，侯玄泓在《月蝉笔露》中也只字未提。他只说其妻宁若生因生子未满十日，"母以儿故得释，跳水"。不过宁若生并没有死，倒是玄泓的发妻孙俪箫因家难死在了上洋（夏淑吉《六姊孙俪箫没于丁亥家难为赋一诗》，《国朝闺秀诗柳絮集》卷四〇）。所以玄泓后来续娶章有渭时，宁若生还有诗相赠（《六娣章玉璜于归次韵索和》，《国朝闺秀诗柳絮集》卷四五）。据汪琬说，孙俪箫是因病而亡的。但上洋在今南京市溧水区白马镇一带，合理的推断应是在被解送江宁的途中故去的。

野蛮地掳掠被征服地区的汉族妇女，是清兵一贯的做法，侯氏的遭遇并非特例。明朝末年，清兵数次入侵关内，目的就是抢掠财物和人口。其中破坏最强的是崇祯十一年，曾一路焚掠，攻入了济南。参与勤王的兵部右侍郎孙传庭，曾给时任刑科给事中的李清讲过自己遇到的尴尬一幕：孙传庭麾下的官兵长期围剿李自成，个个身经百战，但遇到清军却普遍胆怯。"偶一日，与北兵隔河相望，我兵詈云：'吾淫若妻女。'北兵大笑，驱营中妇女百数十出，皆红紫成群，指与我兵曰：'此若辈妇女，尽为人淫，反欲淫人耶？'"（《三垣笔记·崇祯》）

这种暴行一直持续到清初。无名氏的《吴城日记》更是记录了清兵初入江南时,大肆强奸掳掠的恶行。如:顺治二年闰六月"初四日。大雨竟日,兵丁避雨,共入民家,掠取衣食,奸淫妇女"。十五日有兵丁涌入王惠伯家,"掳其妇女数口"。二十四日,该书作者"偶往齐门鼓楼,望见南檐下张帷帐二顶,有两女子坐卧其间,兵丁时揭帷言笑取乐,不知被掳妇中心惨戚何如也"。二十八日,因"向来兵丁掳获妇女无限,戕害及病死者多矣。至是官令给还完聚,许亲属领去,约有二百口"。更惨的是昆山,因县令率民守城,城破被屠,"妇女被掠者以千计,载至郡中鬻之,价不过二三两"。八月二十七日,作者看到苏州阊门"路旁各处粘招贴,寻觅妻女者,知昆山于七月七日被屠,太仓于三十日被兵,松江于八月初三日被兵。兵回时多掳掠妇女卖于城内外,冀破镜或可复圆,故寻觅耳"。

该书还提到吴胜兆谋反事败后,"松郡士民扳累被戮者颇多。松宦陈子龙投水死。嘉定宦侯峒曾家被抄提。……家资一洗而空,妇女大受惨辱"。为我们了解侯家眷属的遭遇,又提供了一条旁证。所谓"抄提",即抄没家产、提拿家属的意思。对被掳妇女,后来虽许家人赎归,却借端敲诈,索价奇高。而所受的人身之辱,都可忽略不计了。这种做法,一直到康熙初年都未改变,以致龚鼎孳任刑部尚书时,专门给皇帝上过一道《请恤妇女以广皇仁疏》，建议以后"凡词讼牵连妇女，非系本身犯有重罪者，不得滥提滥禁，以干天和"。

在顺治四年侯家遭受的这场灭顶之灾中，活着的眷属均难逃被囚系的厄运，唯有遁入空门的夏淑吉、姚妫俞、龚宛琼，赖佛力护持，躲过了一劫。在幸存的男子或被捕、或逃亡，家资被劫，田房籍没之后，只有夏淑吉尚能自由往来，镇定应对。她趁夜舣舟潜往水中棺殓祖母龚氏及庶姑刘氏，又遣人于松江求得侯岐曾遗体，异至祖茔安葬。同时还竭力告贷营救玄泓，并替他承担起了抚育幼子侯荣的责任。而此时她弟弟夏完淳也因通海被逮，并于九月遭处决。

## 四

至于侯家的诸位女儿，年幼的估计覆巢之下难有完卵，最终是否成人，已不可问。成年的如达本，因资料缺乏，亦难得其详。不过鉴于其已出家，除了贫病，当不会有别的麻烦。需要说明的是，光绪《锡山徐氏宗谱》对徐开度的介绍是："承芳五子，字纫安，邑庠生，配虞氏，子一云衢。"此宗谱因所修年代较远，错误颇多。其中"承芳"当为"永芳"，"纫安"当为"幼安"(《侯岐曾日记》顺治三年七月二十六日有"予携幼安嗣子过恭庄"之句,可证)。而"配虞氏"之说更是错误的。

　　侯岐曾次女(小名定)在舅氏顾咸正、丈夫顾天逵兄弟被杀后,遭受了不少苦难。顾天逵、天遴兄弟五月十四日与侯岐曾一起被杀于松江。顾咸正不久亦被捕。据江南总督洪承畴顺治四年九月二十四日给朝廷所上的题本说,刑部对其一干人的处理意见是:"叛犯顾咸正等叁拾叁名,……俱应依谋叛律不分首从皆斩,妻妾子女入官为奴,财产籍没充饷,父母祖孙兄弟不限籍之异同,皆流贰千里安置。"洪承畴九月十八日接到部文后,十九日即将顾咸正等处斩,并命江宁巡抚和苏松按察使"将顾咸正等叁拾叁犯各妻妾、子女、家产,一一查明,籍没起解",等解到南京后,再由其"会同验明解京"。以情理推断,天逵的妻子当亦在被逮之列,若不出意外,等待她的必是发配到旗下为奴或配给包衣的命运。不过当局后来似乎宽免了她们,只是籍没了家产,而没有将人口递解。顾天逵的好友归庄在《两顾君大鸿仲熊传》中说:"大鸿配侯氏,生二女。"事平后"侯氏依其兄嫂居嘉定"。陆元辅《喜记原至再叠东字韵》末注云:"记原为其妹顾节妇移居。"可知侯氏是被长兄玄汸迎归的。陆诗有句云:"此会知君无别意,鹡鸰飞急慰孤鸿。"(《诗·小雅・常棣》有"脊令在原，兄弟急难"之语，故后世常以鹡鸰比喻兄弟）此时顾家已遭籍没，婆媳三人均无处居住，只能分别投奔亲戚。归庄看望顾母张氏时，见到的情形是："家既籍没，夫人今独居于文康公（按，指顾咸正祖顾鼎臣）祠，饘粥不继。"令他感到难过的是："余即未敢自同于人之子，亦宜以时周恤，而力不能及，愧吾友矣！"

侯蓁宜，小名达真，又名令成（因幼年失恃而名），《侯岐曾日记》中称之为"女华"，字俪南。生于天启元年（1621），卒于康熙九年（1670），享年四十九。《瞾城龚氏族谱》收有其子所述之《侯孺人行略》，使我们能比较全面地了解她的生平。侯蓁宜幼承祖母之教，"通经书，工诗赋"，其兄弟六人"皆旷世逸才，家庭间吟咏唱和"，她也经常参与。侯岐曾生前，家政由几个年长的女儿依次接替负责，侯蓁宜婚前亦曾代父管理家政，后配龚用圆长子龚元侃。顺治三年七月龚用圆殉城后，元侃母终日持斋念佛，后复入山静修。侯蓁宜四时申候，不避远近。晚年自己亦"悟彻体性"，无心尘世，将家务悉委之长儿夫妇，"日以梵经自怡"，并辟一静室设大士像，终日顶礼。龚氏自遭变后，家业荡尽，生计艰难，龚元侃不得不四处坐馆，侯蓁宜则以"勤杼轴、务针指"补贴家用。她在《病中抒怀》诗中写到了家境的贫寒:"有药难医贫到骨,无钱可买命如丝。"在《送缜绥两儿赴试》诗中则回顾了丈夫常年外出,自己独立教子的情形:"日授手抄千古籍,机声针缕十年灯。"前一句诗后自注云:"两儿所读书皆予手录。"后一句自注云:"每以女红佐两儿夜读。"可见其课子之辛劳。故其子说她"以慈母而兼严师,爱劳并用",并不是空话。侯蓁宜工书法,善诗,尝著有《宜春阁草》,生前已失于兵火。所幸其三子皆得成立。

值得一提的还有盛韫贞。韫贞字静维,华亭人,为夏淑吉表妹。夏淑吉受侯岐曾之托通媒于舅氏,但未及聘而侯氏家难作,玄瀞亡命客死。盛韫贞即毁妆截发,作《怀湘赋》以见志,誓不改适。后为玄泓迎归,与夏、姚、龚茸岁寒亭以居,共礼夏淑吉为师,鱼磬经几,形影一室。盛韫贞工诗,出家后自号寄笠道人,名其所著为《寄笠诗文草》,或云为《寄笠零草》。

顺治十年(1653),夏淑吉孤子侯檠病夭。十八年(1661)夏淑吉圆寂。姚妫俞欲招盛韫贞同住,但盛劝其远离世眷,"共谋山居","于是不能复安岁寒亭矣"。康熙二年(1663)姚妫俞于山中圆寂(《月蝉笔露》)。盛韫贞曾分别次其生平,私为立传(康熙《紫隄村小志》)。

需要强调的是,侯氏诸媳虽皆工吟咏,但才名最著者当属宁若生。若生字璀如，少习诗文。当时女子工诗词而最有名的为三人，一为叶小纨女沈树荣（字素嘉），一为吴兆骞妹吴文柔，一即宁若生。与其同时的苏州无名氏在《吴城日记》中说其"迨归上谷，妯娌相赓酬，或讨论经史，璀如最称淹贯"。宁若生著有《春晖诗草》，似已失传。

孙俪箫病故后，玄泓不久续娶了章有渭。有渭字玉璜，华亭人，为罗源知县章简第三女。章氏姊妹六人（有淑、有湘、有渭、有闲、有澄）皆有才名，而有渭最著。所著有《淑清草》《燕喜楼草》。章有渭初归，陆元辅有诗赠玄泓（《寄赠侯研德续弦》题注云："研德前室孙氏继室章氏。"见《菊隐诗抄》）。其成婚的具体时间，据宁若生《同荆隐集玉璜闺中次韵》首句"十年往事不堪论"推之，当在顺治十年（1653）前后。但章有渭亦不寿，玄泓后来又娶了莫氏。侯玄汸在给《明月诗筒》所收余怀诗写的跋语中说："后研德与君为僚婿，情好日盈。"（见黄裳《榆下杂说·明月诗筒》，《明月诗筒》乃黄裳所藏海内孤本）清人吴肃公《街南文集》卷十一《徐女莫节妇建墓祠序》称，莫节妇徐氏乃"吾友余子淡心之妻之世母也"。此知余怀妻姓莫。咸丰《紫隄村志》卷七"列女"中有莫氏，云："诸生侯涵（原名玄泓）继室。年二十七而寡，抚遗腹子莱，补诸生。年六十三卒。"光绪年间张友棠在整理该书时，已弄不清此中的人事变化，认为《上谷氏谱内集》著录的玄泓继室为章有渭，而"此云莫氏，疑误"。为了避免此类误会继续流传，特补述这段姻缘变化于此。

经历了死丧流亡的夏淑吉，在灾难过去以后，带着娣姒们在岁寒亭中礼忏焚修，昔日诗友，皆成佛门法侣。巨大的精神创伤，使未出家的宁若生等，亦不时行礼于法堂。但经声佛号，难醒众人的沉迷之心，人生难忘最是情。侯门众法师在诵经之馀，仍以诗歌唱和，而抚今追昔，吟声虽同，腔调实异。夏淑吉悼念孙俪箫的诗说："忆昔于归纨绮丛，郎家声誉擅江东。肃雍自叶房中乐，散朗仍归林下风。日暖画楼彤管丽，春深珠箔麝兰通。彩云散后空凭吊，野哭荒郊恨几重。"宁若生《同荆隐集玉璜闺中次韵》也说："十年往事不堪论，凭仗清樽减泪痕。独有云和楼上月，天涯还照几人存？"两诗道尽了家门今夕、骨肉离散的悲酸。相比之下，盛韫贞就没有那种感深切肤的沉痛，她更多的是感慨个人的不幸："不知天意缘何事，无限年光送甲兵。"（《有感》）"长贫疏骨肉，多难愧樵渔。"（《村居有感》之二）显然，支撑她守贞的是一种道德信念，但没有感情的系恋。在侯家，她只得到了一个贞女（而非"节妇"）的空名，为此付出的却是一生的孤独。

# 王谢雕梁事已非 ——膏粱悲飘蓬

吴庄《侯大年五十寿序》云:"上谷功业、文章与节义并寿,夫承平之世,史氏之笔可以直书。若兴朝而修胜国之史,或世远人亡,或伤时触忌,藉非后嗣有人,谁复念青磷白骨中有丹心可照千古者哉?"

上谷侯氏自鼎革之际家遭荡析,后人虽能不坠先绪,守其世德,但最终还是丧失了地方精英的身份。今天,我们依据文献大概只能追踪到开国的下一代,往后就消失在了茫茫人海中。一代名门,至此终成绝唱。

《侯岐曾日记》详细记录了清政府为惩处侯峒曾抗命守城，下令籍没侯氏家产，并逼取租赋钱粮的过程。各级官吏因此借端诈索，几至敲骨吸髓，压得侯氏一家喘不过气来。顺治四年五月，侯岐曾因藏匿陈子龙被杀，更使这个本已残破的家族，遭受了灭顶之灾。

侯岐曾被捕的当日，其长子玄汸携堂弟玄瀞出逃，幼子玄泓被捕。汪琬为玄泓作的《贞宪先生墓志铭》描述了当时的情形："是时侯氏祸患踵至，死丧狼籍，而官吏且络绎交驰于门。亲知相率惊窜，其他株连钩引者尤众，计莫知所出。"按常理推测，官府的追罚力度，此后应该加大。但令人意外的是，这个案子却被无限期地拖延了下去。

据侯玄汸《月蝉笔露》载：

> 东第报籍之时估值三千，虽未达部，已做官房，兵丁往来，残破尤甚。累控减价，十年后始定五百有奇。……后抚军援催征不得赦例，檄取部费，县官酷比，输三百有奇，敲骨追髓，三年始毕。故予云又得小籍没也。

所谓"东第"，即其伯父峒曾之所居。按时间推算，此籍费由三千改为五百，应在顺治十四年（1657）以后，完结部费，则当在十七年（1660）前后。籍没田地的过程中，甚至还出现了这样的插曲："征第宅已，请征坟墓。……（侯氏墓田）隶上海二十三保。吏承牒报籍矣，老仆管科遇于途，醉之，去其籍。"所以侯氏墓田终得保留。之所以出现这种情况，一个合理的推断是，清政权此时已彻底稳定，对各类抵抗力量的担心已经开始减轻，故对这些遭受重创的家族亦不再过分追究。

来自官府的压力虽然暂时有所减轻，但乱后社会的变化却超乎我们的想象。一方面，一些新的地方势力借着改朝换代之机迅速崛起，他们不但秉持的价值观与侯氏世守的理学完全不同，而且在经济方面对其伺机掠夺，在影响力上也不断进行挤压。另一方面，普通民众在遭受了残酷的屠戮以后，也希望尽快恢复正常秩序，对侯氏曾经的遭际未必都持同情的态度。因而侯氏一家在付出巨大的牺牲以后，处境反倒有些孤立。汪琬在《贞宪先生墓志铭》中回顾说，玄泓被捕后，"慨然力辨，不少动，久然后得释。而群无藉睥睨侯氏者，犹乘间思挤之。先生惧终不免，乃携家走他县，匿村落中，无恒居，凡三年，而始迁郡城。又三年，而归故里"。陆元辅《书侯生武功挽诗卷后》云："戊子春，研德以籍产事诛求无已，挈家避地于浙之横山曲水。"戊子指顺治五年。其携家逃亡的路线，在长子侯开国的《凤阿山房图咏记》中，有更为详细的记录：

迨丁亥（按，顺治四年，1647）之岁，浮家数百里间，于娄之王园，浙之横山、河渚，松之朱泾、张堰、曹洪，三四年中凡数迁而归于旧庄。后三年迁郡城通和坊，又四年始返邑中。（《凤阿集》）

这里提到的地名，娄为太仓的别称；横山在浙江龙游，河渚即杭州西溪；朱泾、张堰、曹洪都在上海，当时属松江府；通和坊在苏州。据此可以体会玄泓为避祸而频繁迁居的不易。顺治十三（1656）年，玄泓移家苏州，王撼有诗赠之云："十年多难叹飘蓬，吴市移家隐桂丛。不用车中藏季布，将从庑下赁梁鸿。一门忠孝青磷聚，百战城池白骨空。犹有先人敝庐在，练祁南望哭秋风。"（《侯掌亭移居吴门赋赠》）练祁河即练川，代指嘉定。次年，玄泓归嘉定故里（侯开国《书说舟弟仍贻堂私记后》），与长兄玄汸一起开始重建家园。杜登春《吾友诗》之十一《疁城侯研德名泓》云："侯生婴家难，全身狎豺虎。浮沉又十年，始觐伯与父。"（《尺五楼诗集》卷四）就是对其这段经历的真实写照。

同样在逃亡路上奔走的还有侯玄泔。他在家难初平后，"乃改服，漂泊玉峰、琴水间，屡迁其处。至辛卯，闻智含灵隐之讣，始返邑。馀喘未平，复跳身南游两浙。癸巳冬，乃携家卜居城中。"（《月蝉笔露》）玉峰、琴水乃昆山和常熟的别称。辛卯为顺治八年（1651），癸巳为顺治十年。据此可知其大概行踪和归里时间。

在入清后的岁月里，兄弟两人一开始虽都移家避难，归里后隐居不出，但因个性不同，表现亦略异。昆山葛芝在《侯研德文集序》中回顾说，侯氏兄弟重返故里后，"记原高卧海滨，优游卒岁。研德为同人所推挽，捧珠盘、玉敦以从事。南皮之集，北海之宴，必研德在焉，以为无车公不乐也。故二十年来，研德名益著。"（《卧龙山人集》卷八）车公本是晋代囊萤夜读故事的主人公车胤，以寒素起家，博学多闻，美丰仪，性机敏，善赏会，当时每有集会，若车胤不在，众人皆会说"无车公不乐"。此以之喻玄泓。

玄泓慷慨好义，尤喜排难解纷。陈瑚《挽侯研德二首》诗序中说他"美丰仪，善谈论，赋诗属文，落笔敏妙。生平尝以留侯、邺侯自况"（《确庵文稿》卷七下）。留侯为汉代张良，邺侯乃唐代李泌，两人皆足智多谋，功成不居，喜修

千秋絕學百代人豪窹寐
所郗嶽峻天高偶披斯策
落落霜毫窺龍片鱗擧鳳
一毛矯亭之說中惡所操
君子寳之于襲于韜豈唯

墨鈔大訓永昭
後學侯涵敬題

⊙ 侯玄泓（后更名涵）跋王阳明《矫亭说》墨迹

炼之术。玄泓好神仙，耽养生，也屡见于同时人的记载。陈瑚《简侯记原研德》诗注云："研德学仙。"计东《追哭侯研德宋畹三》诗"天道劳疑信，神仙竟有无"句注曰："研德好神仙之事。"（《改亭诗文集·诗集》卷三）尤侗《哭侯研德》诗注也说："研德素学养生之术。"葛芝对此的解释是，玄泓虽然声名日著，但仍"悒悒如不胜，曰：'吾家祖、父笃忠贞，食旧德，如东京杨氏、江左袁氏，盖章章也。后之人则亦耕于宽衍寂寞之滨以老耳，安能与时争上下哉！'故颓然自废，沉湛于性命之学，而以馀力放于诗文"。不过，这并不影响他在江南士人群体中的活跃。杜登春《社事始末》载，顺治九年（1652），慎交社二十八人会于苏州，往来联络的即是侯玄泓。"研德忽以他故别去，竟往云间按册联合，尽吾党之人，大会于须友堂"。次年，为防止文社的矛盾引发不可预测的后果，吴伟业受钱谦益嘱托，出面调停慎交社与同声社的关系。从中传达联络者，也是侯玄泓。彭珑在给宋德宜的信中说："吴门气类，欣逢宗主归而振之，必然改观。况研德兄亲许时过葑上，为慎交招携怀远，务以文德相化，彼纷纷者当从此息争矣。"（葛嗣浵《爱日吟庐书画别录》卷二）作为覆巢遗卵，在携家避难的途中，仍不忘屡屡出面调和同人之间的纠纷，可见玄泓性格之一斑。当然，他的活跃不只表现在这点上。许多私人的集会，时常都有他的影子。如：顺治十一年（1654）十月二十八日常熟张氏假我堂的集会（钱谦益《冬夜假我堂文宴诗序》，《有学集》卷五）；顺治十四年（1657）重阳节苏州辟疆园的澄怀社集（施男《丁酉九日》诗序，《邛竹杖》卷五）；顺治十八年（1661）徐芳至嘉定的聚会（徐芳《与钱牧斋宗伯辛丑》，《悬榻编》卷五）。类似的例子远不止这些。特别值得一提的是，在家庭事务上，玄泓的担当精神也是颇可称道的。玄瀞出家以后，已经行聘的盛韫贞誓不他适，玄泓乃将其迎归，令随夏淑吉一起礼佛。玄瀞病故后，也是玄泓去收的遗骨（杨锺羲《雪桥诗话馀集》卷一）。

玄泓卒于康熙三年（1664），继室莫氏方二十七岁，留一遗腹子名莱（《陆菊隐诗集》卷三《端阳后二日记原招集明月堂为研德遗腹子是日初剪发将抱而抚之也同集者二十人得和首唱》自注云："倪伯屏先生名之曰莱。"），莫氏抚之成立（咸丰《紫隄村志》卷七"列女"）。尤侗《哭侯研德》诗有"四海量交谁急难，半生通隐独忧贫"、"兄弟凋零妻子少，那能回首不沾巾"的句子，皆有所指。汪琬《贞宪先生墓志铭》说黄淳耀之后，"诸儒称能得师传者，必推先生云"。其故友宋实颖亲临哭吊，并为议谥云："按谥法：清白守节曰贞，博闻多能曰宪。今先生当家破国亡之馀，顾能履艰出险，以无坠其先绪，可不谓贞乎？修身立言，以无忘其师学，可不谓宪乎？"遂以"贞宪"谥之。

相比之下，侯玄汸则性耽寂寞，基本隐居不出，惟以设帐授徒自给。陈瑚《简侯记原研德》"清火光摇座右铭"句后注云："记原教授。"钱谦益《简侯研德并示记原》末两句也是针对玄汸说的："知君耻读王裒传，但使生徒废《蓼莪》。"诗用《晋书·王裒传》的典故。王裒之父被司马昭杀害，他成年后坚持隐居教授，不受朝廷征辟。每读《诗经》之《蓼莪》篇，辄三复流涕，生徒为免其伤心，尽废《蓼莪》之诗不读。陆世仪有《侯记原乙未学规序》(《桴亭先生文集》卷三) 一文，可知其授徒很重规矩。乙未为顺治十二 (1655) 年，但其设帐当不自此时始。其后可确知的一次远行，是康熙十五年 (1676)，他曾带侯开国、侯莱至宜兴拜访陈维崧，并示以同人题赠之《明月诗筒》，陈维崧有诗和宋琬韵 (《湖海楼诗集》卷五)。关于《明月诗筒》，黄裳先生有专文论及 (见《榆下杂说》)，此不赘述。

玄汸以理学自守，修身重躬行。《月蝉笔露》记录了其学道所得，内容丰富。晚年学使欲以"高士"旌其门，峻拒不受。康熙十六年 (1677) 以疾卒，学者称为潜确先生。两

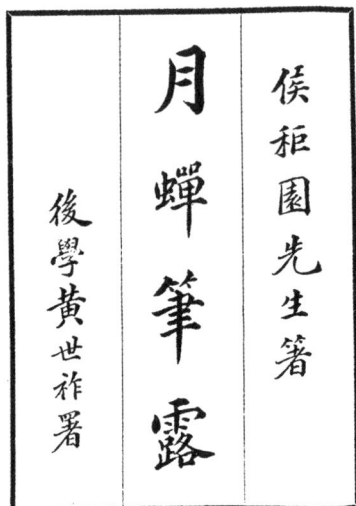 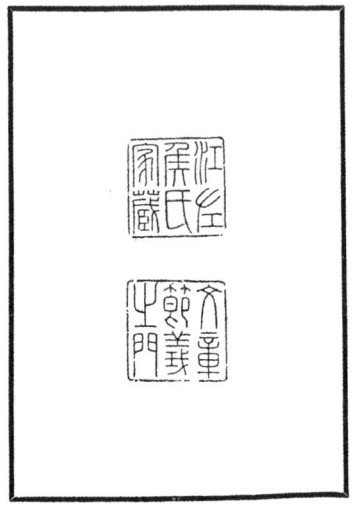

子乘、来宜先后出嗣玄演，以承大宗之祀，不幸俱夭。遂以玄泓幼子莱为己嗣。

玄瀞出家后，法名圆鉴。吴伟业《梅村诗话》云："圆鉴，灵隐僧，故练川大家子也。父兄死国事。……已而被收，亡命为僧。……竟以疾殁于灵隐。"杜登春《吾友诗》之三所忆即玄瀞，题云"上谷僧圆鉴名瀞"。玄瀞与玄泭分手后，先逃至扬州天宁寺，后辗转至杭州灵隐寺。据《紫隄村小志》"卷之前"记载，"顺治辛卯，瀞在寺受任担水，积

《月蝉笔露》内封

《月蝉笔露》内页所盖"江左侯氏家藏""文章节义之门"两印章

《月蝉笔露》书页

劳成瘵而卒,年止二十有八"。其族祖侯鼎旸《哭智含侄孙归骨》诗也证实了这一说法:"吴越飘零独负担,五年踪迹寄优昙。徒闻天马题江北(自注:闻维扬壁间有《天马歌》,记原知为智含手笔),未报金鸡宥仗南。忠孝素心馀白骨,父兄衰祚只黄龛(自注:顺治辛卯,以智含焚骨作龛盛之,厝银台公殡侧)。追思旧事惭婴杵,月满山亭忆夜谈。"诗中"未报金鸡宥仗南"一句,言其至死未获赦免。金鸡乃古代颁布赦诏时用的仪仗,《新唐书·百官志三》云:"赦日,树金鸡于仗南。"诗用此典。玄瀞虽未生入里门，但玄汸、玄泓踪迹其所在，曾密往探视。厉鹗《增修云林寺志》卷六收有侯汸（为避康熙讳而去"玄"字）《宿灵隐赠晦公》，当为其探望玄瀞时作。《明诗纪事》辛签卷三四收有玄泓《寄智含弟》一首云："目断秦庭马角生，家山云水各吞声。三年一见无馀话，千里孤筇又独行。未卜相逢空有约，莫轻此别遂无情。江潮海日题诗在，莫遣红尘识姓名。"该诗又见《紫隄村志》，题为《龙江别智含弟》（第六句为"漫经离别岂无情"）。从末句的叮嘱语判断，此当为玄瀞出逃后，玄泓探视时临别所赠，不可能为盘龙江上的留别之作。杨锺羲《雪桥诗话馀集》卷一说玄瀞披剃后"名昭宗，卒于灵隐。……私谥孝隐"，亦可补其生平细节。玄瀞亡命僧寺，心情十分悲苦，他的早卒虽说是积劳所致，其实与精神抑郁当有更大关系。这从他的《题灵隐寺房壁》其一可以得到印证：

折柱扬灰又一时，海东年少泪如丝。修罗劫尽兵长斗，望帝春深语更悲。汉月只临三楚塞，燕花空备五陵碑。天如可问宁忧醉，感激从今废楚辞。（《淞南诗钞》）

辛卯为顺治八年（1651），玄瀞卒时距出亡前后恰为五年。故其族祖侯艮旸《哭智含归骨》亦云："五年云水一僧枯，谁向天涯问赵孤。"玄瀞病亡，侯峒曾即绝后。

侯岐曾的孙辈以侯檠（字武功）居长，后面按年龄排序依次为开国（《日记》中称揭来、定陀）、棠（《日记》中称匡来、小匡）、乘、来宜、莱。其中侯檠为玄洵遗腹子，丁亥家难爆发时，陆元辅携其出逃，匿于外舅张溥家。作为家长，侯玄汸对孤侄的教育格外重视。他写信托付陆元辅说：

> 不孝兄弟琐尾流离，未知所竟，先人遗绪虑将断矣。惟赖吾兄善视此孤也，师也而父之，而伯之叔之。又愿吾兄以先君之心为心，先君之学为学，先君之教为教，不惟父之、伯之、叔之，而又祖之也。吾邑习尚惟朴，故其发之也劲；吾家高曾五世相传，所守惟闇，故其发之也真。明效大验，略见前事矣。今日大难殷流，孤危如线，尤须重整精神，再培根本。余侄资性中庸，小年失学，今但令熟诵经书，馀力旁通文艺。外家无书不备，今尚无读之之具也，切勿躐等，涂饰耳目。小论仍须令作，但勿轻示一人。师有改窜，留阅三日，三日后即焚其草。祖、父爱其子孙，不惟匿其丑，并欲匿其

⊙ 侯玄汸致陆元辅书

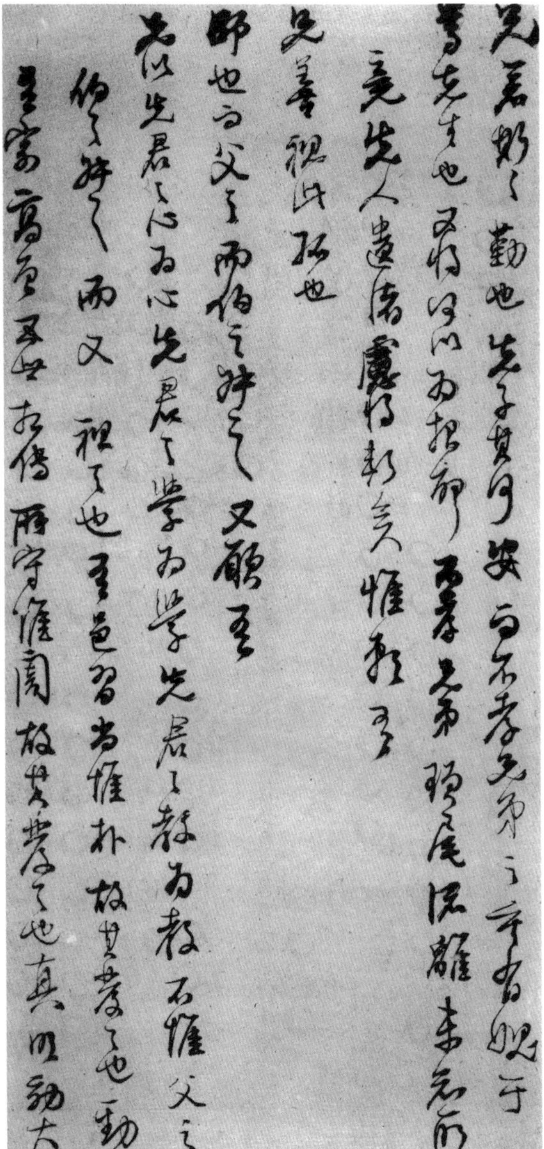

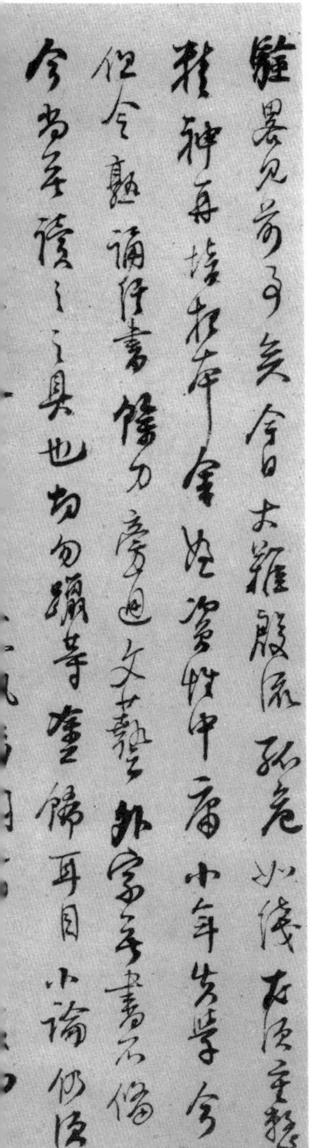

好，为师者未免以呈好为悦矣。遭难之中，以折福为惧，务实守约，韬夸敛采，毋令稍露头角，犯造物之忌。它日道德文章，别开生面，重振家风，寔拜明赐。（《明嘉定侯峒曾墨迹》附）

杜登春在《社事始末》中说，顺治九年（1652），他"卧病娄东三月馀，濒于死者再。……病中赖以资参药者，西铭先生之嫡婿侯子武功櫱。朝夕陪医，周旋真挚。……（武功）幼继于先大姊记原夫人，称余为母舅，又同赘于清河，年虽不齐，而情谊不啻骨肉也"。侯櫱少承家学，复得师传，有才名。同年十月陈维崧到松江，曾与之相识，并有诗赠之，其中有"才逢公子肠先断，但说贤门泪已赊"、"合浦卖珠人变姓，兰田种玉客无家"的句子。后两句分别有注说："武功时变姓张。""武功西铭先生东床，常居娄东。"（《舟次赠侯武功并示研德》，《湖海楼诗稿》卷八）这是我们能看到关于他比较具体的材料。不幸的是，次年三月，侯櫱突然病故。陈维崧《哭侯武功八首》之一有"一门增旅榇，三党失孤儿"之语（《湖海楼诗稿》卷六）。该诗第二首还有注说："武功尚未乘龙。"知其死时犹未成婚。侯櫱著有《侯伯子诗文集》，似已不传。朱彝尊《明诗综》卷八一收其《酬别徐继白》诗云：

> 沧江倚棹且高歌，游子衔杯意若何。乱后飘零亲戚少，天涯踪迹别离多。已悲杨柳愁中折，况遇宾鸿客里过。握手相期须努力，风尘十载莫蹉跎。

另沈葵心《淞南诗钞合编》收其《奉和掌亭叔父旧庄杂感八首》，均有身世之感。

玄汸两子分别为乘、来宜。侯乘生于顺治四年端午日，六天后家难发作，在襁褓中即遭遇颠沛流离。因家难发作时他曾落水不沉，周岁时叔父玄泓为取字渡来（《月蝉笔露》）。少长，即出嗣已故堂叔玄演，不幸于康熙三年八月以病卒。复以其弟来宜为继，亦早夭。长房遂绝嗣。开国、棠、莱皆玄泓子，其中开国声名最著。侯棠字悦舟，号南荫。《紫隄村志》卷六说他"性端恪"，以坐馆为生。善书画，"晚年游历四方，恒藉画为斧资"。不事干谒，有风骨。其《夜坐书怀》诗云：

> 树深庭院月来迟，月色当空独坐时。愧乏盛名惊海内，喜全清操慰心期。百般礼数因贫废，千种人情阅世

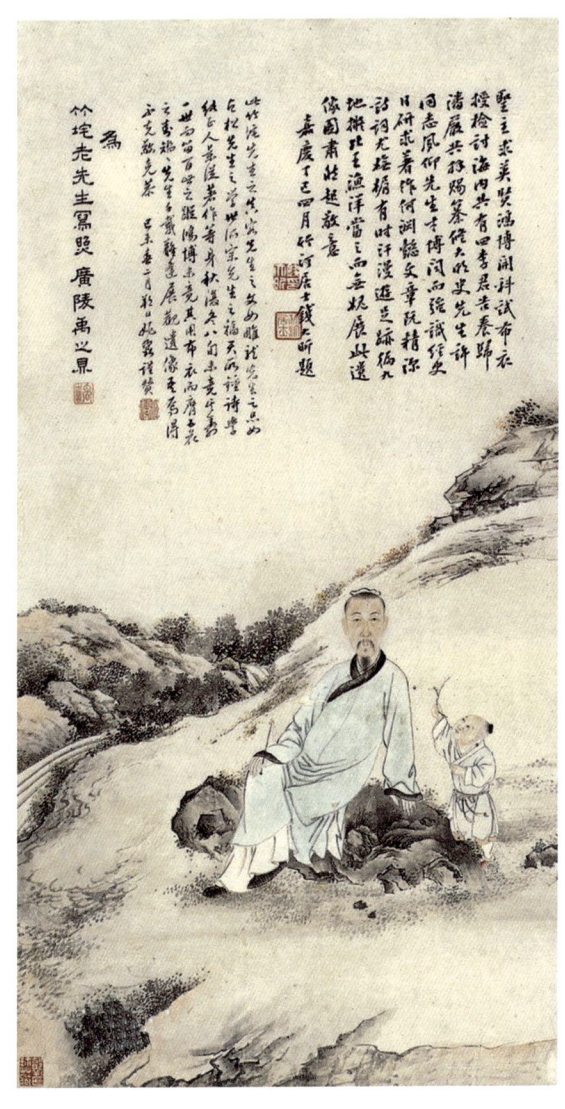

⊙ 朱彝尊像

知。小阁灯残风细细，酒醒聊复一题诗。

可知其于贫寒中犹能自持。侯莱字天存，想因遗腹子而得名。其母莫氏抚之成立，补诸生。后出嗣伯父玄汸。

　　侯氏孙辈中能不坠先绪的是侯开国。开国初名荣，字大年，号凤阿。《侯岐曾日记》在顺治三年五月初十，提到其当初不愿就学的情形："泓欲强揭来明发过新塾，往复良苦。"侯开国在《征君陆菊隐先生行状》中也回忆说："先祖营别业于厂头，延先生至，俾从兄槃及开国俱受业焉。"（《凤阿集》，下引侯开国文同）他成长的岁月，正是侯氏家道急剧衰落以后。在《文学金戒庵府君行状》中，侯开国回忆了岳父金献士（字治文，号戒庵）主动给他提亲的经过，并说："余家固贫，六礼不能备，府君命之入赘。"其入赘的时间正是父亲去世那年（《书说舟弟仍贻堂私记后》）。

　　成年以后，侯开国曾为了衣食奔走四方，谋生的手段主要是坐馆。其在《吴船燕轺小识自序》中回顾说："余自庚戌迄于庚午，二十有一年之间，往返京师者数次。凡从骑者六，从舟者四。跋涉驰驱，亦云瘁矣。"庚戌为康熙九年（1670），庚午为康熙二十九年（1690）。在给汪琬的信中，他讲述了自己在京时的情景：

> 某自来京师，羁栖馆谷，寂寞尤甚。而朱门谢客，觞咏不闻。……某赋性迂拙，内怀耿介，不能屈曲随人效昼夜乞怜之态。故京师往来者不过先君之故交三四公，馀则未敢轻怀一刺以相干也。只以故园荒芜，拾橡不充，踽踽依人，进退狼狈，殊失二十年素志。(《寄编修汪先生》)

可见遗民生活的不易。康熙三十一年（1692），他又假馆常熟席氏，并助其续修了族谱。

康熙二十一年（1682），听说当局要委托叶燮主修《江苏通志》，他曾接连致书叶燮与倪灿，并直接提供材料，恳请他们为其一门五世的亡人立传。在《致叶己畦进士》中说：

> 忆自庚戌春得聆教益，迄今星纪一周矣。……某频年踪迹多在京师，迩因抱病南还，闭户削迹。侧闻制府以《通志》大典敦请总裁，江南北人士翘首告成，乐观盛事。……至寒门自先大参、先太常、先通政三世以来，并以政事、忠节、文章为当世所称，此久在执事明

○ 吴历　明月堂听泉图

鉴中,无容多赘。附呈家乘一册,仰希主持公道,为之表章,而先祖、先君、先伯叔亦得附见于下,尤为感荷。此虽一家之私情,实符天下之公是。知执事暨同事诸老先生表章阐幽,自有同心,而某等仰荷私恩,亦当世世以之矣。

庚戌为康熙九年(1670),星纪一周为十二年,故此书当作于康熙二十一年(1682)。《寄倪闇公检讨》亦云:

某京华浪迹,久赋倦游。顷以剧病归里,闭门削迹,日与药炉为伴。侧闻制台以《通志》大典,遴选巨儒,开局纂辑。……至寒门五世以文章、政事、忠节为世所称,阁下知之甚详,必能与同事诸老先生主持公道,阐扬潜德。第邑志甚简,特以史传一册、家乘一本尘览。希为照存,临启祷切。

因此,吴庄在《侯大年五十寿序》中称赞说:

祖若父辈或殉干戈,或泣风雨,仅一掌亭先生,为硕果之不食。而兰摧玉碎之馀,不敢有所建竖。祖功宗德,稗官不能载,野史不敢书,其足铭彝鼎而垂旂常者,湮没可胜道哉。而大年绩学力行,为时闻人,四海之内无不知上谷之后有文子文孙也。携策游京师,辇上诸公无不倾动。朝廷方命词臣纂修《明史》,而上谷功业、文章与节义并寿,夫承平之世,史氏之笔可以直书。若兴朝而修胜国之史,或世远人亡,或伤时触忌,藉非后嗣有人,谁复念青磷白骨中有丹心可照千古者哉?而大年以一人寿其五世,岂非寿其所难寿者与?(《偶存篇》)

不仅如此,他还编辑了家族五世的文集、恢复了祖居仍贻堂。张云章《凤阿先生传》云:

先生承五世文献之传,于巢倾卵覆之馀,故业荡无存者。掌亭先生仅隐约终身,其贫殆甚于后门寒士。先生绩学砺行,德袭训集,能使其家声不坠,而益振累世之遗文,掇拾其散亡磨灭者,缉为成书,积为巨编,灿然如入群玉之府。呜呼,是亦难矣。

文集编成后,因无力付梓,只能抄录两份以便保存。在《黄氏谷帘学吟后序》(《谷帘学吟》乃黄淳耀弟渊耀集)中,他说:"至若余家五世文集百馀卷子,陆子菊隐著书数种,简牍浩繁,尚无力付之剞氏,仅仅录副以藏。每一念及,深恫于怀。"

仍贻堂为侯岐曾故业。侯峒曾、岐曾兄弟生前虽未析产,但峒曾居东第曰寿宁,岐曾居西第曰仍贻。据侯玄汸回忆,顺治十年(1653)七月,"予从浙东归,研德语予:'今有四方之交,必葺仍贻便接待,请与兄分之。'予遂以仍贻前三层属研德,予存其后三层。"此后,玄汸经过多方努力,终将被异姓占据的东第收回,于康熙九年(1670)春改为宗祠,"置上谷累世考妣神牌位其中。以银台所遗太常以上三世旧主,银台以下新主亦三世,凡二十主,分列左右,春秋奉祀。"而玄泓则力图恢复仍贻堂,惜未成而病故。但开国一直未忘先志,经多方努力,至康熙三十二年(1693)终于重建了仍贻堂。在《书说舟弟仍贻堂私记后》中,他回忆说:"於戏!自丁酉冬先君从郡城归故里,重构后楼,葺前堂。仅一年以前,堂属顾氏。又六年而先君即世,余亦馆甥彭城。凡二十有七年而始返故居。又二年而始复此堂。"吴庄在《仍贻堂记》中称赞他说:

◉ 吴历 凤阿山房图

> 鼎革之际，曩所谓仍贻堂者，几烟销瓦解于兵燹之馀。幸而掌亭先生一为修葺，而仍属他姓。忠孝之报，殆不可问矣。掌亭殁而长公大年经营久久而后复之。今夫缓急时有以一物寄质库，阅三年而未能取赎，则永非我有矣。况前人之堂构，数十年来，他族实偪处此。一旦还返旧物，顾不幸哉！然则大年之殚精竭虑而为此，盖欲仍前人仍贻遗意，而仍复仍之也欤？则又大年之不忘本也。（《偶存篇》）

至于《紫隄村志》说他"事继母莫氏孝，抚异母弟有恩"，自属忠孝传家的题中应有之事。侯开国著有《凤阿集》，今有抄本存世。另外还与周象明辑有《苏松田赋备考》，陆陇其《三鱼堂文集》亦有其所撰序。《嘉定县志》说其"文冲和峻洁，诗雄深朴老"，有"疁城八子"之目。但从《凤阿集》中的文章看，才气与乃祖已相去甚远。

开国有子三人，分别名铨、永、焘。铨字秉衡，号雁湄，又号梅圃，受业于陆陇其，曾参与厘定《三鱼堂文集》。后因娶其父昔日馆主席氏女为继室，随妇迁居常熟。永字声虞，少砺志于古，"郡邑名家争延为弟子师"，不幸于康熙三十九年（1700）以疾卒。张云章《侯声虞像赞》不无遗憾地说:"声虞遇余以父之执,其礼过恭,余颇恶焉而厚期之,以为他日之能深造于道者必声虞也。侯氏自给谏、通政以来,文章节义著于世。凤阿绩学不仕,名德彰闻,人咸谓将大发于诸子,而声虞独不幸早世。"燕字寿臣,"潜心理学,品行端洁,乾隆二年(1737),预修《嘉邑志》"(《紫隄村志》卷六)。三人中铨、永为廪生,燕为庠生。知其皆放弃了祖、父所坚守的遗民立场,这既是时代变化的必然,也与自身的生存状态有关,说穿了都是因贫求仕。其祖玄泓所预言的"后之人则亦耕于宽衍寂寞之滨以老耳"的说法,并没有成为现实。侯铨乡试落榜后所作的《清明日作》二首其二云:

> 蹉跎身世苦无惊,开遍来禽兴转慵。璞玉无言宁自炫,蛾眉已老为谁容。馀光犹凿邻家壁,浪迹休嫌庀下春。安得故园营十亩,一犁烟雨傍吴淞。

再次道出了侯氏后人生计的艰窘。不过康熙三十年(1691),朝廷敕建三忠祠,崇祀侯孔龄、侯峒曾与侯岐曾,总算能抚慰一下这些忠义之后失落的心情。

上谷侯氏自鼎革之际家遭荡析,后人虽能不坠先绪,守其世德，但最终还是丧失了地方精英的身份。今天，我们依据文献大概只能追踪到开国的下一代，往后就消失在了茫茫人海中。一代名门，至此终成绝唱。从这个家族后来的结局看，清初平定江南时，对有抵抗意志的地方望族采取的打击政策，效果是显著的。在遭受了一系列政治打击和多种形式的经济掠夺（包括政府与私人）后，侯氏后人既失去了在地方事务上的发言权，也没有了经济上的优越性。在新的地方精英群体形成的过程中，他们被彻底淘汰出局。由于失去了稳定的生活环境，子弟的教育质量难再保证；玄泓父子两代所持的遗民立场和后代的平民身份，又使他们不可能与新崛起的仕宦之族联姻；特别是后辈没能在科举上取得显著的成就。以上种种，都使这个家族不可避免地淡出了公众的视野。侯玄汸入清后所写的《江南春》词有"王谢雕梁事已非"之句，不幸竟成悬谶。

# 避秦无计矢报仇——烈士夏完淳

稚气未脱而又生性刚烈的夏完淳，论处境则飘泊无依，流离失所；论心境则悲愤难已，仇恨填膺；论态度则誓效精卫，矢志报仇。夏完淳血气方刚，为了捍卫君亲大义，选择的是抗争；侯玄汸年长理性，为了保护侯氏遗脉，选择的是隐忍。夏完淳是诗人，性情外露；侯玄汸是学者，性格内敛。

隐匿乡间的侯岐曾，在日记中记录了与忠明之士密通往来的诸多细节。虽然他在《自序》中说，写日记是为了"备后人稽考"，但可能未曾料到，他为后人探究某些历史细节，留下了关键的证据。

侯岐曾虽没有直接参与通海（指与福州唐王和浙东鲁王政权的联络）和吴胜兆反正，却与两案中的一些人物保持着密切联系。从日记的内容看，对吴胜兆反正，侯岐曾虽有耳闻，却不知情。但三吴士绅上表鲁王，他不但是知情者，还是间接的参与者。

名士通海和吴胜兆反正本来是两个独立的事件，从现有的文献看，清政府也是将其作为两个案子来处理的。顺治三年以后，一些不肯归顺的忠明之士，不断通过地下渠道，经海路与福州的唐王政权和浙东的鲁王政权秘密联络。侯岐曾的表弟杨廷枢是其中的关键人物。侯岐曾关于南明海上政权的信息（即日记中所谓的"上流消息"），多数就是通过他获得的。侯玄瀞给唐王的疏稿，最初也想通过他来转递。侯岐曾与他联络一靠亲家姚宗典，二靠女婿顾天逵。顺治三年七月二十六日，谢尧文（日记中称"王哨长"）初次来访，十月二十四日再来，侯玄瀞、顾咸正、夏完淳就欲直接通过这条渠道，与驻守舟山的南明军队进行联系（二十五日日记云："智含所寄，今日已就。哨长别去。"）。顺治四年三月十九日，谢尧文在漈阙（今属上海市奉贤区）被柘林游击陈可抓获，供出了诸人通海的事实。此时，松江提督吴胜兆在戴之俊劝说下，已准备反正。戴之俊早为诸生，曾入复社，系杨廷枢弟子，明亡时举兵抗清，兵败归降吴胜兆。在他的斡旋下，吴胜兆只将谢尧文收监，未做进一步处理。吴胜兆被捕后，名士通海的问题才被清朝官员发现。这样，两案又关联在了一起。所以，就涉案的性质言，陈子龙算是参与了吴胜兆反正案，侯岐曾属于被波及者。顾咸正、夏完淳和侯玄潇，则是通海案的主犯。

《侯岐曾日记》的史料价值，不仅在记录了侯氏一家的特殊遭际，还保留了陈子龙、夏完淳等人生命最后时期的诸多细节，为历史提供了重要见证。特别是少年英雄夏完淳，存世资料较少，这部日记关于他的记述，在今天看来弥足珍贵。

一

夏完淳（1631—1647），乳名端哥，入清后更名复（见《紫隄村小志》），字存古，号小隐，因家有玉樊堂，故又号玉樊。明江南省松江府华亭县（今属上海）人。父允彝为崇祯十年（1637）进士，曾任福建长乐知县。完淳为庶出，生母陆氏另育一女名惠吉（字昭南），幼于完淳。嫡母盛氏所育仅长女淑吉。三人当时皆负才名，故夏完淳在《偶与昭南女弟谈荆隐女兄》诗中不无自豪地说："空谷传三隐，名闺美二南。"所谓"三隐"，据其自注云："余号小隐，昭南号兰隐。"与夏淑吉之号荆隐恰成鼎足。"二南"则指夏淑吉之字美南与惠吉之字昭南。

夏允彝早年与陈子龙、徐孚远、杜麟徵等创立几社，慕义好文，讲经世之学，重砥砺名节。夏完淳自幼耳濡目染于父亲的言传身教，养成了极强的道义精神和家国责任感。他从小天资聪颖，记忆力超群，识见不俗，若有夙慧，七岁开始就在诗文创作上表现出了过人的才华。夏允彝赴任长乐，他曾随侍闽中。崇祯十六年（1643），允彝丁母忧归，完淳亦回乡读书。

顺治二年清兵下江南时，陈子龙、徐孚远等曾组织地方武装进行抵抗，其时明朝江南总兵吴志葵尚驻兵海上。吴曾为夏允彝门生。陈子龙为联合各路复明力量以壮大声势，令其致书招之。吴志葵乃与参将鲁之玙率水师三千，自吴淞江取道淀山湖与泖湖进攻苏州，不幸兵败。不久，清苏松提督李成栋彻底击败吴志葵与黄蜚水军，并生擒二人，攻下松江。这次军事行动，夏允彝父子都曾参与其中。夏完淳后来在《大哀赋序》中回忆了这次从军的经历：

> 余始成童，便膺多难。揭竿报国，束发从军。朱雀戈船，萧萧长往；黄龙战舰，茫茫不归。两镇丧师，孤城溃版。……戎行星散，幕府飚离。长剑短衣，未识从军之乐；青磷蔓草，先悲行路之难。故国云亡，旧乡已破。

所谓"两镇"，即吴淞总兵吴志葵（唐王追封其为威房伯）与水军总兵官黄蜚（唐王追封其为镇南伯）。"孤城"即松江府城。

松江陷落后，夏完淳曾随父四处避难。侯玄汸《月蝉笔露》卷下回忆说："乙酉秋日，瑗公隐姓黄翁，过曒，先公匿之袁家舍。二公皆自分必死，每篝灯夜语，各述闻见。"后来，苏松提督李成栋因素闻夏允彝之名，逼令相见，并说："夏君来归我，大用之；即不愿，第一见我。"（侯玄涵《吏部夏瑗公传》）为了保全名节，夏允彝于九月十七日留下一份绝命词（王弘撰《夏孝子传》），然后投水自尽（夏完淳

《寄荆隐女兄》诗有"黄土十年悲故友,青山八月痛孤臣"之句,"故友"指侯玄洵,"孤臣"当为其父夏允彝,则其自尽或在八月)。这让尚未成年的夏完淳,彻底陷入国破家亡的境地,也让这个敏感的少年,心头燃起了难以熄灭的复仇烈火。

稚气未脱而又生性刚烈的夏完淳,论处境则飘泊无依,流离失所;论心境则悲愤难已,仇恨填膺;论态度则誓效精卫,矢志报仇。在《大哀赋序》里,他对自己的处境、心态和所做的努力有过简单的概括:

> 故国云亡,旧乡已破。先君绝命,哭药房于九渊;慈母披缁,隔祇园于百里。羁孤薄命,飘泊无家;万里风尘,志存复楚。

那么,顺治二年九月以后,夏完淳的处境是什么样子的呢?在《大哀赋》里他是这么描述的:"寄食无乡,望尘有地。范丹之甑长寒,卞彬之虱未弃。"范丹为东汉名士,为官清廉。后遭党锢之祸,携妻逃于梁沛之间,卖卜为生,生计艰难,常至断炊。卞彬为南朝人,好饮酒,放浪形骸,不事修饰。尝作《蚤虱赋序》,说自己生活贫困,一件衣服十几年不换，虱虮满袍而无被弃之虞。这里用两个古人的典故，说明自己衣食之难。后来在《土室馀论》里，他再次回顾这段经历："先文忠投渊殉节，便尔无家。湖海飘零，于今三载。风胼霜胝，捉衿短衣。备人世之艰辛，极君亲之冤酷。穷途歧路，断梗飞蓬。"

顺治三年正月初一，《侯岐曾日记》自注云："夏夫人复遭南塘大掠，除夕投予新亭宿。"局势动荡，地方不宁，时在惊惧中的夏完淳，被迫随嫡母逃到嘉定，投奔长姊。十一日，侯岐曾"扶病揖夏端哥。茶果相对，不禁盍伤"。这次他一直待到十八日方离开。征服者的残虐，社会的失序，都让夏完淳感到绝望，陶渊明笔下的桃源世界此时被他不断提起，以慰藉内心的苦闷。其《偶见荆隐旧庄残英未落馀露泫然赋示武功二首》之二有云："四海尽风尘，桃源欲问津。"《避地四首》之二云："飘零生计薄，家在太湖西。……应有避秦地，行人路已迷。"之四云："何日非沉醉，谁人忌独醒。乾坤双眼白，江海一帆青。"《遇盗自解》云："逢人莫诉流离事，何处桃源可避秦。"都是这种心理的写照。

时隔不久，夏氏曹溪故居一带再次遭乱，完淳的处境极其艰危。五月十四日，《侯岐曾日记》云："灯下得夏存古信，知初二日曹溪又遭扫荡，存古堕水仅全。"十六日又云："泓

丙戌

正月朔一微陰得晴。掃去窗塵忽牢籠霧矣。瞑執戈不能怒。綿午未間予不覺憒然一夢此生此日百感攻中且付諜國銷除耳。彷夫婦設饌供王母子婦輩同之。吾父子命酌新亭。貞明臂還陳園。中以夕呼明汝同飲喻僕連送。

夏夫人復遣南塘大探。除夕投予新亭寓元旦朱明汝夫婦守宿共者予媳未亡人新置一厘也。

初二風雨竟夕朝起風尚厲予病目涔發龍江不果。姨氏陞士妊婦摘在雪槎前姻好女俱未退羅房也産饌後即宿山池。

初三力疾攜雨兒至龍江小翔姓女俱未退羅房也。

初四家廟神主自誠徙郲函藏一櫝祭日乃陳几上除夕已行之矣。母但向櫝前叩首耳午刻別去至姪院欲同至宫塲。

云存古飘摇无所，便拟卜居吾乡。吾与净云谋，先令安顿槎楼，再图它就。"净云为夏淑吉法名，时已剃度。为了使夏完淳尽快脱离险境，结束飘泊无依的状态，侯岐曾当即写信向他发出了邀请：

> 仆竟作世外人，闻尚有以世中法相绳者，一切听之。至如仆与存古，惟当事事相喻以精微。以故手札再颁，未具一答，而不自以为可怪也。匡围陈厄，何图再逢。睇望曹溪，眉百攒而肠千结矣。然披讽新诗，句句光明洞彻，此宫音也。岂谓于变徵得之，定为公子复国之兆。羽林孤儿，何足以云。惟是底著滞淫，子犯所戒，千万速为徙运之图。已嘱贤姊豚儿促驾，仆不饶舌矣。山公之义，曷克以当；嵇公之思，何能已已。把笔凄断。

夏完淳接信，本已决定移家，但因内兄钱熙（字漱广）突然病故，所以拖到六月中旬始得成行。《侯岐曾日记》于五月二十九日补记了一笔，说："小昆信至，知存古大有来意，因钱漱广之变，故迟之。"六月十八日日记云："早闻存古兄弟已于昨暮抵槎楼矣。"知其实际到来当为十七日傍晚。他这次在嘉定断断续续一直住到十月,《侯岐曾日记》最后一次提到他是十月十九日,此后的行踪便有些神秘了。

国破家亡的惨痛经历,不但使夏完淳由衣食无忧的富贵公子,沦为飘泊无依的孤儿,还深深地触犯了他所崇奉的君亲大义,所以不论从私人感情还是道德责任的角度,他都不能接受这个侵略者建立的新政权。在《自叹》一诗里他说:"功名不可成,忠义敢自废。"表达的就是这样一层意思。

夏完淳存世的诗文,大都是入清后三年多时间里所写的,在这些作品里,他反复表达的一种情感是"恨",再三强调的自我身份是"孤臣",矢志不渝的事情则是"报仇"。如《大哀赋》云:"达士穷途之悲,壮夫歧路之泪。载念簪缨,言怀邦国。恨欲言而声已吞,愁将诉而泪沾臆。"《送友北行》:"故国江山在,孤臣意若何。"《寒食杂作同钱二不识赋四首》之三:"孤臣伏腊犬羊天,野哭茫茫几岁年。"《感旧步仲芳先生韵》之五:"旧都风物暗凋残,东海孤臣泪未阑。"《被羁待鞠在皇城故内珰宅》:"孤臣魂已断,况复见长安。"《御用监被鞠拜瞻孝陵恭纪》:"孤臣瞻拜近,泉路奉恩辉。"在送别那些投奔唐王政权的友人时,他一再强调自己所处为"异域",表明不愿称臣于清朝。《南越行送人入闽》云:"点君两袖霜花泪,倘忆羁迟异域人。"《赋得王叔明武夷春色图送闽人》云:"茫茫异域送南征,两泪如丝生别情。"《蒋生南行歌》云:"九死不回归国意,百年重见中兴时。"蒋生即蒋平阶,本为松江华亭人,其南行欲归之"国",显然也是闽中。

在他入清后的作品中,出现频率最高的词应该是"报仇",这几乎成为他此期作品的核心主题。如《题曹溪草堂壁》:"我今亡命沧海游,何年佩刀成报仇。"《六哀·徐冢宰石麒》:"遗恨楚社虚,秦仇竟谁雪。"《除夕追和广成先生韵》:"恍对九京如可作,国仇家难问苍天。"《鱼服》:"一身湖海茫茫恨,缟素秦庭矢报仇。"《即事三首》之二:"战苦难酬国,仇深敢忆家。"与此相关联的另外两个典故则是荆轲刺秦报燕,和张良灭秦报韩。《元旦丙戌》:"湘江寂寞空哀郢,易水萧条未报燕。"《送驭闳蒋大南行》:"沧浪渔夫长哀郢,湖海狂夫矢报韩。"《寒食杂作同钱二不识四首》之一:"朔风广莫敞裘寒,客子飘零行路难。北首可怜秦郡县,南来无复汉衣冠。昭关去后难亡楚,仓海归时未报韩。"《咏史杂成口号十首》之一:"昭关烟草荒茫外,千古何人解报仇。"

夏完淳的报仇行动是不折不扣,不屈不挠的。在《大哀赋》中,他曾简要回顾了自己的经历,说:"余生于烈皇之朝，长于圣安之世。佐威虏以于征，从长兴而再起。"在《土室馀论》里，他也说自己"特以国难家仇，未能图报。忠臣孝子，自当笑人。故饮恨吞声，苟全性命。湖中之起，身在行间，不忘丧元，独当一面"。"佐威虏以于征"，是说对吴志葵攻打苏州之役，曾有所赞划。"从长兴而再起"，则指顺治三年长兴伯吴易（鲁王所封）再次起兵于长白荡，自己亦"身在行间"。吴易字日生，江南吴江人。崇祯十六年进士。顺治元年至扬州，史可法重其才，荐授职方主事，留以监军。次年督饷吴中，而扬州破，乃与孙兆奎聚众，屯兵长白荡。八月为吴胜兆击败。次年春，再起兵于长白荡，收复吴江，与清兵多次接战，互有胜负。时陈子龙亦入其军（见王沄续《陈子龙年谱》）。六月，战不利，在嘉善被叛徒出卖，为清兵俘获，不屈而死。

由于史料匮乏，加以局势千变万化，夏完淳的具体行踪和参与义军的确切时间，现在已很难确考，但他坚持反抗，不肯放弃的执着，是不容怀疑的。

二

从顺治三年正月十八日离开嘉定，到五月十四日致书侯岐曾谈自己的处境，这一段时间夏完淳的行踪几乎成谜，《侯岐曾日记》也只字未提。不过正月十八日的日记，倒是提供了一条重要线索：

> 存古巳刻行，予目疾，不能强起言别。存古此来，说钱不识父母议婚，势在必谐。泓料理及门帖付之。

夏完淳很可能离开嘉定就去了嘉善，料理他与钱秦篆的婚事。夏完淳在《狱中上母书》中，有"新妇结褵二年"的说法，可以证明他们成婚的时间是顺治三年。钱不识名默，浙江嘉善人，崇祯十六年进士，曾任嘉定知县，清兵来临前，弃城而逃。其父栴，字彦林，号半村，为江南应社创始人，后受陈子龙牵连遭捕，与夏完淳同日被斩。夏完淳新婚后曾暂居嘉善，侯玄涵（本名泓）《吏部夏瑗公传》可以为证："公子完淳，……为钱栴婿，居禾郡。"

夏完淳被捕后所作的《寄内》诗，开头两联云："忆昔结褵日，正当擐甲时。门楣齐阀阅，花烛夹旌旗。"从诗中描述的婚礼场景看，显然是在军营。联系此时，吴易的军队正屯驻嘉善的长白荡，与清兵连续作战，且颇多斩获，可以断定夏完淳一到嘉善即参与了吴军。王沄续《陈子龙年谱》

说顺治三年,"长兴开幕府,以五月登坛誓师,请先生(按,陈子龙)临其军,予与钱漱广从焉"。钱熙为钱栴长子,系完淳内兄,两人交情极深,夏完淳与他酬赠颇多。他们一起参与吴易的军事活动,自是顺理成章的事。这有他留下的大量诗文可以作证,如《军宴二首》、《鱼服》、《吊漱广至西塘有述》等。当年六月,南明江上兵溃,战不利,吴易随后被俘,夏完淳即与陈子龙一并潜归。他在被执后悼念吴易的《吴江夜哭》里说:"春风吹落吴江月,平陵一曲声杳然。"悼念陈子龙的《细林夜哭》里又说:"去岁平陵鼓声死,与公同渡吴江水。"平陵曲散,隐喻吴易事败,两诗是可以互证的。

虽然军事上的努力连遭挫折,但夏完淳却不肯死心。到嘉定以后,他把扭转局面的希望又寄托到了南明海上力量上。其实,从此前的日记内容看,夏完淳一直就有联络海上的念头。如三月二十日云:"见存古札,嘱通瀣南音问。"二十一日云:"侄出废文秘祝,亦犹存古意也。"所谓"瀣南音问",即舟山鲁王方面的消息。

从顺治三年六月十八日开始,《侯岐曾日记》断断续续地记录了与夏完淳日常往来的一些情景。当日给夏完淳的信中,他再三嘱咐其要注意保密行踪:"本意慎密之至,并

○ 顺治三年六月十八日日记，夏完淳当日到达嘉定避难不欲先戒居守之僮仆,乃今仓卒间并未及骚(扫)除,不重贻主人之芒踏乎?专驰急足,告此不宁。如闻贤昆同来,恐未的,不敢具启,且晚切勿轻移玉趾。"看来对夏完淳前一时段的所作所为,他是心中有数的,所以显得格外谨慎。这次与完淳同来还有其伯父夏之旭的两个儿子夏升略(名维节)和夏平南(名不详,但从其与维节、完淳的密切程度看,应为之旭次子。又,夏之旭有二子,见其《绝命词》:"今年四月,吴镇不忘本朝,一时趋附者,邀患难而幸功名。余谓两儿曰:此徒使生灵涂炭耳。至十七而变作。迨后搜求党与,且购求陈卧子甚急。")。两人此后亦常往来于嘉定和松江之间,对侯氏家事颇多援手。

侯岐曾在日记中没有提到他与夏完淳对局势的讨论,我们当然无法得知夏完淳此时的所思和所行。只有九月初七、初八两日,日记中先后有这样两段文字:"早,端木来看子上(按,彭志古),遇雨留弈。适昆阳家信至,知澥南使者约端木茸城一晤,匆匆告别。""时弦斋方缮写书疏,专为澥南之举,且拟怂曳存古一往,汸亦拟同大鸿入槎。而存古恰同平南至,予因设小具于泾南,使诸君得面相谘画。"顾咸正(字端木,号弦斋)在与浙东(澥南)来人会面的第二天,就缮写了给鲁王的奏疏,还准备鼓动夏完淳亲赴海上,林保家之主吴嗜平，安知彼祖宗不舍坦于地下耶，此平病為抵溪而継之以笑也是日上午時望下午完備理外相干兩餐合作一鬼姑赴湮南一𥧌𦎟為太倉陳君以寫生至而寒熱竟不免酒方行先告别韋兩兒望雲主俱在坐主翁不至掃與耳執前體兰甚麼昨俄腹甚痛皆擅瘧两末者也

初六早汗解，拾午瘧優付任，新担起限姑任諸僕之散，緩矣午後，起子上至知者海上一行子今防隂主湮南，便為的仍害甲乙軒。

初七早端未看子上遇雨雨上笑，適岳陽寕信至知辭南往老，為端末芋紙一順，午晴子上䖏東看子姓仍遥恭

○ 顺治三年九月初八日日记，记录了顾咸正诸人商议联络南明海上力量的经过去联络黄斌卿。随后大家在侯家举行会议，商量对策，夏完淳参加了这次讨论。这是《侯岐曾日记》中有关夏完淳通海的唯一线索。

等到士绅通海案发以后，刑部尚书吴达海依据江南地方当局的审理结果，给朝廷所上的题本中，对整个案件的来龙去脉作了全面的描述，我们才得以将《侯岐曾日记》中记录的这条线索与整个事件关联起来，使这则私人记述与官方文件得以互证，为整个事件补充了新的证据和细节。兹将《刑部尚书吴达海题本》关于案情的描述节录如下：

> 问得一名顾咸正，年五十七岁，系苏州府昆山县籍。由前朝癸酉科举人，历任陕西延安府推官。状招咸正遭崇祯国变，回家潜藏不出，有已正法子顾天逵，系官兵擒获已斩侯岐曾女婿。又顺治二年曾以谋逆被大兵杀死侯峒曾有脱逃未获子侯玄瀞，系前年大兵杀死夏允彝在官子夏完淳姐夫。彼此俱系姻亲，常在侯家相会，谈及时事，各蓄异谋。咸正遂欲谋叛，就不合向侯玄瀞等说称："今有海外黄斌卿，是夏允彝结拜兄弟，可连他起兵，我等作为内应。"咸正又不合写具奏疏、禀揭、条陈等件。侯玄瀞、夏完淳各亦不合写具奏本、手揭。并

在官通海客人汪敬，亦不合开具禀帖。俱托在官谢尧文转送黄斌卿处。……顺治四年三月十九日，柘林游击陈可，带领官兵石湛初等，在信地游巡，撞遇谢尧文，宽衣大袖，形迹可疑，拿获到官，审供侯玄瀞命其赍本窝住孙龙家，又于孙龙家内搜出前项奏疏、书揭等件。随报吴提督。

吴达海的题本中，除对夏允彝的死因和夏完淳与侯玄瀞关系的表述有误外，其他基本准确。其中有两个概念需要解释一下：在官，指已被官府扣押；信地，指为己方管辖的地方。透过这份材料，我们也得以了解，这次通海的主谋者为顾咸正。

## 三

在避难嘉定期间，夏完淳除了与侯氏日常的应酬外，还在关键时刻，为使侯氏免遭籍没，给归乡葬亲的李雯，写了一篇情文并茂的《与李舒章求宽侯氏书》。《侯岐曾日记》的发现，使我们对这封信出笼的背景和经过有了全面的了解。

顺治三年八月初五日记云："文侯、得和归，知籍事即日具题，吾家遂无免理。匝月心情，付之流水，而浪费不赀矣。……平南策浼（按，请托）李舒章，予亟呼舟，再为背城计，而日色已曛，姑迟之明晨矣。"由此可知向李雯求助的动议是夏平南提出的。初六日云："早，入槎晤平南、存古，商所以浼李舒章者，词旨不能殚悉。"初八日云："早，东过，与玉汝作别。正促写李书，遣急足，而净云急足先至，云竟同平南身往云间矣。即将李书付来手去。午馀，存古至，亦出所上李弘文书（自注：内翰已擢弘文学士，初未之知。后闻仍未擢）。情文斐蔚，或堪动听耳。予留存古草酌，送至庵中宿。"日记清晰地复原了当日的写作背景和经过，当然也为我们解读这篇书札提供了注脚。

侯岐曾说夏完淳"上李弘文书""情文斐蔚"，所言不虚。此书虽以骈体行文，用典繁密，但若参照《侯岐曾日记》来看，就可明白其句句皆有实指。信中追述旧情，词气恳切，援古论今，逻辑严密，特别是谈及侯氏一门的处境，读来令人动容。其开篇即云："窃惟奖旧朝之死事者，开国之风；恤亡友之遗孤者，故人之谊。"从公、私两个角度切入，对李雯晓之以理，动之以情。接着提出关于侯氏遭遇令人无法理解（"所未喻"）的六个方面：（一）清室入主中原，"其于死国，并许承家。一见金台之令，再有石城之移。岂意桀犬必诛,殷顽不赦,立锥莫许,封鬣无存。使恩辞之不信,安见如纶?若严敕之更颁,是为反汗,乃执事者称奉密旨"。(二)"锵锵骏骑,日苍输将;蹢蹢行人,时征赋籍。胥徒相望于道,银铛不绝于途。遂使寡妻饮恨而归泉,孤子伤心而寄食。……且两奉移文,俱遵免变。朝三暮四,昨是今非。昔何为而蠲末,今何道而苛严?"(三)管绍宁(管宗伯)、徐汧(徐詹事)死后,俱得免役减赋,而于侯氏却坚持籍没、取租。"岂春膏之滋,于彼良厚;秋霜之悴,于此恒深?抑彼遵何德,鱼鸟乐于江河;此实何辜,虎豹蟠夫闾阎?地不私载,能无疑焉!"(四)"或谓胥吏之徒,贿赂为政。朱提充橐,阡陌无虞;白粲空囊,瓦椽皆祸。不谓灵通泉货,仍开建国之初;论刺钱神,难免庶人之议。"(五)"又谓父兄死事,子弟归诚,则田籍不收,室庐如故。……若使狂呼草泽,亡命菰芦,谓之怙终,斯无异议。今皆夷其缁撮,□蚕□以从时;忍此馀生,老空门而弃世。顺逆异判,是何道欤?"(六)"养老恤孤,盛朝休典。今龚恭人耆耋之年,含辛垂绝;智含兄零丁之质,立骨无依。……而征求不已,零索无穷。"

从其所述来看,清政府进入北京后,对前明死节官吏的家属,曾颁布过赦免令(即所谓"金台之令")。占领南京后,为了稳定人心,也重申过这一政策(即所谓"石城之移")。但苏州地方当局在处理侯案时,却无视这一政策,声称奉有密旨,坚持要将侯氏家产籍没。这与对管绍宁、徐汧两家的态度截然不同,致"同气有向隅之悲,遗体(按:即遗孤)有穷途之恨"。至于田产、租赋"两奉移文,俱遵免变",但又"朝三暮四",出尔反尔;官府征求不已,胥吏零索无穷等等,在日记中都有记录。信中所谓的"寡妻"指侯峒曾夫人李氏,"孤子"指侯玄瀞。此文虽为陈情而作,实系泣血控诉。

在信的末尾,他也谈到了自己的处境和心态:

> 至于上国家门,已凋半壁。……盖棺莫掩,未容马鬣之封;赴水如归,竟抱鳖灵之痛。慈闱已耋,吊影缁帷;孤子方鳏,长号縗帐。诉朔风之且过,有类寒号;填沧海之无穷,恐为精卫。复自绿林一啸,寄食无门。先世交知,依栖畸土。白首同归之好,九死知心;朱丝联订之欢,三生雅谊。家慈之鼟云既脱,四寡同居;而复也苦土相从,两孤同命。我寡兄弟,义均死生。渔而竭泽,同泣过河之鱼;虞不张罗,共放野田之雀。

这里提到其父赴水后家庭的种种变故，嫡母出家，自己寄食无门，最后不得不投靠姻戚侯氏。所谓"两孤"，乃包括侯玄瀞在内，他们不但同病相怜，而且义同兄弟。夏完淳《九日大风雨同智含夜饮》诗有"风尘握手同兄弟，江海知心托死生"之语，可与此书互证。信的末尾辞气恳切，祈求李雯能念及与侯峒曾、夏允彝的旧情，对侯氏伸出援手，以解其燃眉。

日记说李雯"发书流涕，许必援手。方养疴谢事，不能身至吴门，已遣其令弟令明及蔡服万约望日到槎相会。先署印而后抚院，期于得当乃已"（八月十四日）。但是他的努力最后并未奏效，只是延缓了一下催征的节奏。

## 四

从顺治三年十月十九日以后，《侯岐曾日记》中就不再提及夏完淳的名字。此后的日子他去了哪里，谢尧文十月二十三日来嘉定时，是否与他见过面，我们都不得其详。他的名字最后一次在日记中出现，是顺治四年四月初三："轻雷骤雨，方抵恭庄，而荆隐携朅来恰至。据荆隐口传及存古笔奏，云间如有克日奇举，真耶幻耶？主者岂未戒于漏师不尽在于斯乎。在古之临岐者入樵平相闻不渡相见晓檐斥田候又甚姬料理成数属僕别明日入城燃柴煮诸要节。

十二黎明起呼驯读谕听未尽竟日稍得清暇为两月来僅有。

十三子石携子若婿过荚匆匆一谈不及饷一饭徐亡无事。

十三早雨即晴石荣丰义不相闻专伻迫还彦札中告以近状极详又作文侯子年燚公三札俱不在扃。燚子居迤居月，年固春三云。立侯为此候少将薪小费。

十四牢师陞云间归道李弘文笺书流滞许必揾手方善。痾谢事不经身至吴门已逴甚念第会明及蔡耶万殇墼日到桔相会。先署印而后撘院期于得当乃已即仪物六坚老人止收王拂子一件耳。净雪别去，瑞末已至淮南。予亚遇之悲欲交并此生中无可与境。就目境中有此固聚莫谓此缘易得也。两谈悟贼中事不能悉纪予难觉来未尝有此露碑也。是日净师述所闻则主豫王被掳江楚大掳已此白腰画障瑞老述所闻则主豫王被掳江楚大掳已此又渡悲欢交并但未能拟作幻境销除耳。
十五日典入探。过午雨发。今日喜九诞辰。明日善媛终七。两祭皆不得举矣。存古居吊恭人六自塔迳去。瑗玉手订通鉴三帙见示。
十六平南不至。存古出近著诗文画日相赏。固后拟四译说诸未详事。

⊙ 顺治三年八月十四日日记（2），记载了夏淑吉投书李雯事耶？我惟为之栗栗。"这是谢尧文被捕后，戴之俊帮助平息了眼前的危机，夏淑吉从松江带回的消息。其中提到的"克日奇举"，即吴胜兆谋反之事。

由于文献不足，对夏完淳最后一段行踪，现已很难追溯。但以他的个性和心态，他不会停止反抗。此时江南并未彻底平定，各种抵抗力量仍然蠢蠢欲动，誓效精卫的夏完淳，自然会利用一切可能的机会"填沧海之无穷"。在《大哀赋》里，他追述了隐身嘉定期间的心境："况夫国屯家难，先子云亡，访彭咸于药室，从墨允于首阳。留遗孤于庐垩，曾仗剑于戎行。济云帆之无路，匿土室而自伤。"其实他投奔侯氏，也是在吴易被俘后，为了逃避追捕而采取的权宜之计。这有他被捕后所写的《狱中上母书》可以作证："奈天不佑我，钟虐先朝。一旅才兴，便成齑粉。去年之举，淳已自分必死，谁知不死，死于今日也。""去年之举"即参与吴易起兵事。吴易被俘后显然没有供出别人，使他得以侥幸无事。等到局势平稳以后，他便断然离开了嘉定。从日记中的这段文字看，对吴胜兆反正之事，他一直在密切关注，不排除有伺机参与的可能。

吴胜兆密谋反正，欲邀南明黄斌卿海上舟师为外援，但不得要领，乃遣戴之俊向陈子龙求助。王沄续《陈子龙年知所聱懼乎。輕書駭兩方抵茶座。兩荆隱撐遏來拾至。撼荆隱口傳及存古筆秦雲同如有魁曰奇華真邪司邪主者豈未戚于漏師邪我惟為之慄慄得知夫嚬囮鄉來者時大鴻溥雨涯南并約夜話知勿而鴻萄而四大鴻黎明入峨薰邨予命訂程光即日入墭先是辭雲乘同徐朝宗于朝日過惠庒雲乘云曾走吳門頻寶沈之貫于虞牧。高居不見但令蒼頭傳命云如有言行不托侯甚言之予于是知雲牧之札之無所辭也至是雲乘專使相促若不能少待者而日來聞雲牧怨掛情朝吏議方在述同予胥雲乘鯪其寶虛萉筆末晚疸聾欬足來是大约積疸在脾故投以朝參即囲眠投以午飯即

⊙ 顺治四年四月初三，夏叔吉带来夏完淳口信，透露了吴胜兆准备反正的消息

谱》卷下"顺治四年"回顾说:"一夕之俊忽乘小舠,微服叩门请见,具道来指。"虽然《年谱》中说陈子龙一开始态度并不积极,但在戴之俊"固请"之下,还是说:"海舶往来,不乏信使,汝等善为之,亦不汝沮也。"最终提供了支持。后来洪承畴根据吴胜兆等人的供词,在给朝廷的揭帖中详细介绍了事情的经过:吴胜兆"令戴之俊向陈子龙求书。子龙即发书壹封,内大意云:'胜兆在敝府做官极好,今有事相通,难形纸笔。可将胜兆先封为伯,后俟功成,再加升赏,其馀不便尽言,来将尽吐其详'等语"(《江南总督内院大学士洪承畴揭帖》)。

陈子龙与夏完淳既有师生之谊,也有共同的政治立场和价值追求。顺治三年冬夏完淳回到松江后,他们一直有密切的来往。《年谱》中说,顺治三年(《侯岐曾日记》记载为顺治四年),陈子龙"念生平知交,如夏考功辈,一时零落殆尽,而周勒卤殁将数年,两世之丧未举。慨然曰:'我死,谁为了此事者?'遂捐地葬之于莘村。三月,会葬夏考功,赋诗二章"。《侯岐曾日记》顺治四年三月十一日也说:"荆隐信至,知瑗老于初五启窆矣。泓将发船候荆隐。"提供了确切的会葬日期。这次给夏允彝安葬,陈子龙与夏完淳肯定是一起商议决定的。由于入清后共同的经历和处境,他们对时下的局势和未来出路,不可能不交流,吴胜兆反正的消息,很可能就是陈子龙传递给夏完淳的。只因局势还不明朗,大家的态度都比较谨慎。

夏完淳被捕后悼念陈子龙的《细林夜哭》诗中说:"相逢对哭天下事,酒酣睥睨意气亲。去岁平陵鼓声死,与公同渡吴江水。今年梦断九峰云,旌旗犹映暮山紫。……黄鹄欲举六翮折,茫茫四海将安归?天地踢踏日月促,气如长虹葬鱼腹。……我欲归来振羽翼,谁知一举入罗弋。"算是道明了一些内情。"九峰"是松江境内的九座小山。从诗意看,夏完淳最后回到松江,本想重振旗鼓有所作为,却不幸被俘。

谢尧文被捕后,吴胜兆将案子压下,既没上报,也没处理,只将谢尧文收监了事,对他携带的通海文书,并未销毁。等吴胜兆事败以后,清江南总督洪承畴一面向朝廷请旨,一面即派满兵提督巴山和操江都御史陈锦领兵赴松江查办(《吴城日记》卷中),这次通海的案情遂得曝露。朝廷命令巴山和汉军提督张大猷:"将解到奸细谢尧文、窝逆歇家孙梢及纸上有名人犯,拘提到官,公同大学士洪承畴、操江都御史陈锦,严行审究具奏。"洪承畴随即委派土国宝(曾任江宁巡抚,顺治四年夏因事降为按察使,半年后复原职)

按名密计查拿。

夏完淳被捕的具体经过,于史无载。地点应该不出松江(有《别云间》《拜辞家恭人》诸诗可以为证),时间则为七月初前后。据最后见过他的杜登春回忆说:

> 顺治丁亥七月望,夏子存古以奉表唐王谢恩,为海上逻卒所获。洪经略密行土抚军,索存古甚急。时余读书虎丘石佛寺,不知也。一日,乘凉散步,将至憨憨泉,见一小沙弥同青衣数人,汲水而饮。遥望沙弥有似存古,趋视之,则竟是也。问之,则曰:"我已就缚上道,无资斧,其为我谋之。"余急索囊中所有倾付之,送其登舟。……又曰:"此行殆不免,妇钱有娠,男与尔为婿,女与尔为媳。倘不育绝嗣,幸勿立后。"寄遗属数纸而别。(《童心犯难集》)

其留给家人的,当即集中现存的《拜辞家恭人》、《寄荆隐女兄兼武功侯甥》、《狱中上母书》、《遗夫人书》和《土室馀论》等诗文。这些文字情感真挚,辞气悲慨,既有慷慨赴死的决绝,又有对大仇未报的不甘和对亲人的眷恋。今日读来,犹令人血脉偾张,肝肠寸断。

在《狱中上母书》中，他除了交代身后事，向姐姐淑吉和妹妹惠吉托付嫡母、生母外，也表明了自己对待生死的态度：

> 淳一死不足惜，哀哀八口，何以为生？虽然，已矣。淳之身，父之所遗；淳之身，君之所用。为父为君，死亦何负于双慈？……兵戈天地，淳死后，乱且未有定期，双慈善保玉体，无以淳为念。二十年后，淳且与先文忠为北塞之举矣。勿悲勿悲！……语无伦次，将死言善，痛哉痛哉！人生孰无死？贵得死所耳。父得为忠臣，子得为孝子，含笑归太虚，了我分内事。大道本无生，视身若敝屣，但为气所激，缘悟天人理。恶梦十七年，报仇在来世。神游天地间，可以无愧矣。

但在面对新婚的妻子时，他内心深处柔软的一面则彻底表现了出来：

> 然相劝以生，复何聊赖？芜田废地，已委之蔓草荒烟；同气连枝，原等于隔肤行路。青年丧偶，才及二九之期；沧海横流，又丁百六之会。茕茕一人，生理尽

> 矣。呜呼，言至此，肝肠寸寸断，执笔心酸，对纸泪滴。欲书则一字俱无，欲言则万般难吐。吾死矣，吾死矣，方寸已乱。平生为他人指画了了，今日为夫人一思究竟，便如乱丝积麻。身后之事，一听裁断，我不能道一语也。

他把最后的希望，全部寄托在了外甥侯檠的身上："大仇俱未报，仗尔后生贤。"（《寄荆隐女兄兼武功侯甥》）十七岁的少年，为大义所激，不畏艰险，视死如归，千古所难。但在走向死亡的道路上，回首云中的故乡，对亲人的无限挂念，又不能不令他内心纠结。对于一个尚未成立的少年来说，这样的命运实在是过于残酷！这最后的哀鸣，刺穿历史的长空，足令听者动容。

夏完淳被递解到南京后，在羁押期间，一直吟咏不辍。案件审结以后，九月十八日部文颁下，第二天即与顾咸正、谢尧文等通海案犯三十三名一起受刑。杜登春见证了行刑的过程：

> 余归，告沈子羽霄，约往金陵探听，羽霄慨然偕行。至省之次日，道上有鸣锣声，视之，则存古与刘公公旦

讳曙者，携手出就戮。两公皆不跪，持刀者从喉间断之而绝。余与羽霄敛存古之尸，归其榇于小昆山新茔，葬于考功先生昭位。(《童心犯难集》)

"馀光留日月，遗恨满乾坤。"(《哭吴都督六首》之三)这是夏完淳追悼吴志葵的诗句，也堪作他的自我写照。杜登春《吾友诗》四十五首之第一首为《夏舍人玉樊名完淳》，评价他说："玉樊王佐才，少小薄章句。生不辞党魁，死不辞刀锯。虎阜前致词，徘徊泪如雨。俎豆有馀馨，悲哉大哀赋。"(《尺五楼诗集》卷四)

通海案最后仍有人漏网，其中就包括侯玄瀞。吴达海题本中提到："未获叛首侯玄瀞，及叛党朱用牧、周显隆、张贵等共二十二名，应严缉另结。"可见逃脱的尚不在少数。

夏完淳卒后，家遭籍没，遗腹所生一女亦不育，正应了他那句"大造茫茫，总归无后"的话。嘉庆十二年（1807），其同乡后学王昶与庄师洛搜辑夏氏散佚之作编为《夏节愍全集》，并做了笺证，使他的作品有了相对完整的面貌。面对他的文学成就和作品的存世情况，王昶《题夏内史玉樊堂集》之一感慨说："家国沦亡后，词章丧乱馀。八哀歌杜甫，七日哭包胥。字断疑科斗，文残恨鲁鱼。赋才追小庾，千载

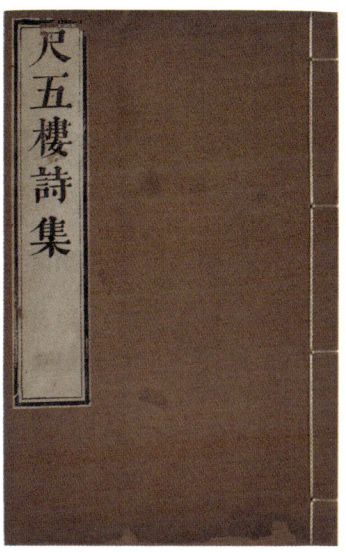

⊙ 杜登春《尺五楼诗集》

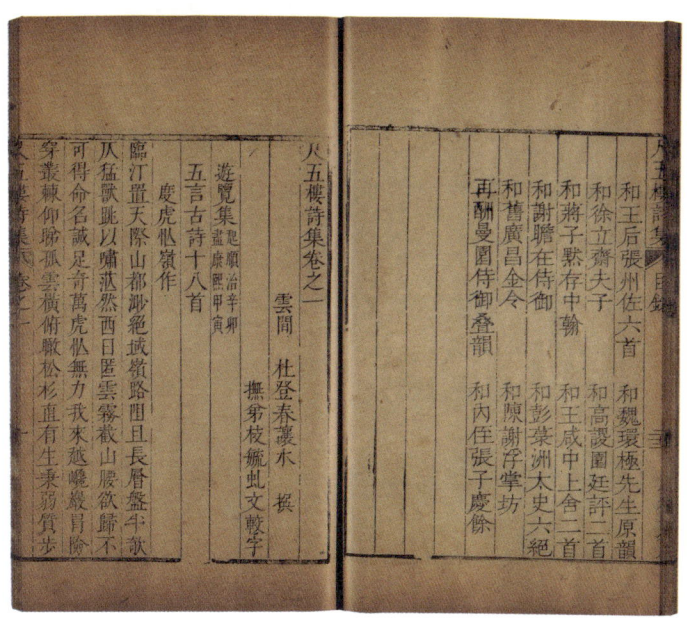

共歔欷。"

乾嘉时期的女诗人汪端则拿夏完淳和侯玄汸作比较，说："垂老遗民隐柜园，全家白骨惨啼猿。可怜剩水残山感，不及南冠夏玉樊。"（《读嘉定侯纪原元汸云都纪会书后》二首之一）汪端的这种感觉是准确的，但她忽略了侯玄汸与夏完淳的年龄差距和个性区别。夏完淳血气方刚，为了捍卫君亲大义，选择的是抗争；侯玄汸年长理性，为了保护侯氏遗脉，选择的是隐忍。夏完淳是诗人，性情外露；侯玄汸是学者，性格内敛。太平年代的人，真的难以理解乱世人的心情！

# 此生只合老书帷——塾师陆元辅

科举时代，读书人的出路一般不外乎三条：一是入仕，二是教馆，三是做幕。陆元辅弃去学籍以后，入仕这条路就等于放弃了。作为一个单纯的读书人，他又不具备做幕的经验和素质，惟一擅长的就是教馆授徒。

世事变幻，白云苍狗。陆元辅生前曾自叹：「无年无月无离别，一暑一寒一叹悲。匣底双龙空欲吼，此生只合老书帷。」

在侯氏师友圈子中，陆元辅是个特殊人物。仅《侯岐曾日记》中，他的名字就出现了六十多次。虽然没参与处理侯家的重要事务，却一直陪伴着侯岐曾，对缓解其精神压力起了不少作用。侯岐曾被捕后，他不计个人安危，挺身救孤，谱写了其人生最悲壮也最精彩的一页。此后，他始终以隐者自居，四处授经，但又不拒绝与达官显宦交往，甚至长期客居京华，设帐豪门。其人生经历和心态变化，在易代之际知识分子中，颇有代表性。

一

陆元辅（1616—1691），字翼王，号菊隐。先世本姓王，高祖自太仓徙居嘉定，曾祖为陆氏所养，遂更姓，居嘉定新泾里。祖继魁以商为业。父昌期为人所陷，被征为吏，卒由此起家，仕至广东番禺县沙湾司巡检，敕授将仕郎。

陆元辅自幼喜学，勤读不辍，后受业于黄淳耀和侯岐曾。曾入黄淳耀主持的直言社，一起讲论文章，切劘道义。黄淳耀《陆翼王思诚录序》回忆了这段经历，并说"翼王以敦笃之姿为精微之学，惟日孜孜，常若不及。苟一言不合乎道，一行未得乎中，小经指摘，立自刻责，饮食俱忘"。直言社以"责善辅仁"为目的,强调"穷理以致其知,反躬以践其实",对陆元辅产生了极深的影响。他在《饮宿陈义扶斋感怀直言社诸子》诗中回忆说:"在昔全盛日,数子相提携。明德各努力,小过必切偲。旬月一再会,结社有恒规。"(《陆菊隐先生诗集》卷一,以下简称《诗集》)又在《避地娄东得晤朱昭芑陆道载盛圣传王石隐江虞九王登善陈圣因诸子不胜先师友之感赋诗为赠》中写道:"结社名直言,记过相劘切。朔望聚德星,风雨奔泥滑。日历各一编,传观较得失。或铦如莫铘,一挥斩藤葛。或劲如忘归,百发贯棚臬。虚己拜昌言,退坐省所缺。"(《诗集》卷一)

黄淳耀以理学自重,持身极严。据陆元辅后来回忆,他"每在神前以三事自誓:不妄取,不二色,不谈人过"。明末张国维巡抚吴中时,观风考试曾将他取为第一,颇赏其才。当时他正在钱谦益家中坐馆,有次张国维到常熟访钱,有人为千金之事求钱说情,钱谦益因有他事要麻烦张国维,不便开口,想让黄淳耀代为说项,他坚决不肯。此人于是转求黄父(名家柱,字完初)写信相劝:"子言此,则吾甘旨之奉有馀,孝莫甚焉。"黄淳耀始终不为所动,说:"不可破我不妄取戒。"中进士后,始终"不肯干渎有司,太翁每以家贫为言,卒不能移其意。盖其誓于神前者,皆能力践其言"。

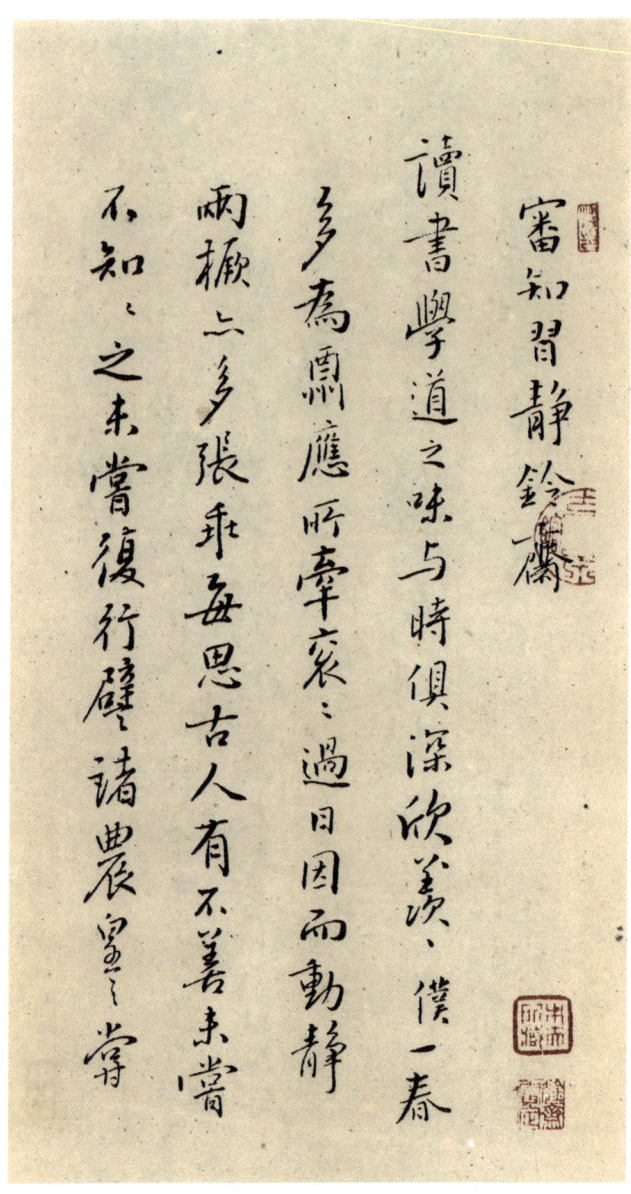

黄淳耀致侯玄洁、玄瀞书（6-1）

药一遇蛊螯不复再尝之则明知其为腊子野葛而妖置手颊间恙多矣堂不可欺哉业已掂心刺骨不彻不已其玉未霰金在刻刻始愿直人公而已不惠念赵惟患觉逢屼八字诀世若玉亥禾

○ 黄淳耀致侯玄洁、玄瀞书（6-2）

到自然湯云住吉歇去正是服古中之艇子野葛也何如、五月中与眉聲擕数十卷至陳園屏跡不与人接未幾聞八月會試之与束兔随眾一行此賢萬里非李懷而又吾

黃淳耀致侯玄洁、玄瀞书（6-3）

不得不读之势，陶公所云一形似有制素
襟不可易者我之谓矣。仆营营语人云身
无济世安民之才，亦无全躯保妻子之
志，世事如此必当菴晦十年至舍我其
谁而後出仕何志也。今乃似驰马入京陛

○ 黄淳耀致侯玄洁、玄瀞书（6-4）

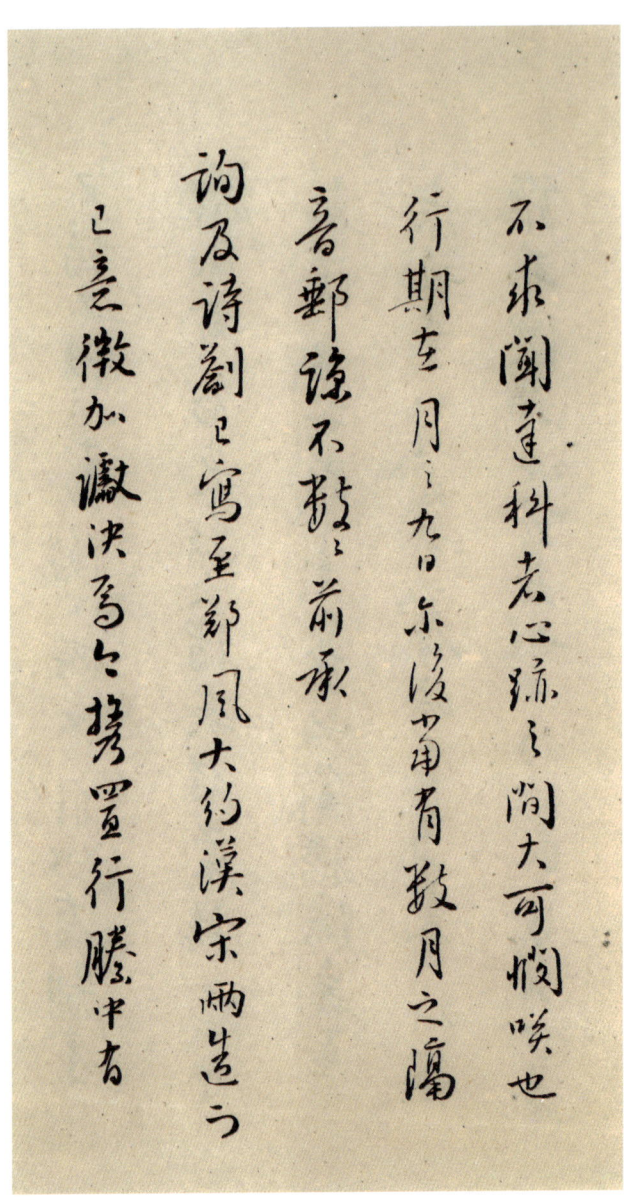

黄淳耀致侯玄洁、玄瀞书（6-5）

瞰辄续之未能言性以

云偶

习与精解悬悟不须以此对同也近老

翼亘亦事此学视僕尤详生起所欲

闻诸隹

（陆陇其《三鱼堂日记》卷三《丁巳》）

如果说黄淳耀对陆元辅有道德示范意义的话，侯岐曾对他则起着精神支柱的作用。在明亡之前所作的《上侯先生书》中，他对侯岐曾所给的奖拔和鞭策，表达了深切的感激：

> ……吾师今日之郭林宗也。好奖士类，寸善必收。……即以辅之才疏识劣、智屈道穷，而吾师特加矜恤，拔之忧愁落寞之中，勉以圣贤豪杰之事。上之摈之也愈甚，而吾师之推之也愈勤；俗之谤之也愈繁，而吾师护之也益至。知我之恩，等于生我。凡属有心，莫不流涕奋发。况如辅者，尤以大丈夫自期者哉。是以朝夕敬修，孜孜矻矻，以居敬穷理为要，反躬实践为急。苟萌一念，辄自问曰：得毋欺吾独以欺吾师乎？苟措一行，辄自省曰：得毋违天理以违吾师乎？（《陆菊隐先生文集》卷一一，以下简称《文集》）

郭林宗即郭泰，东汉名士，尝为太学生领袖，后为避祸闭门授徒，主张有教无类，好奖拔寒俊。由于黄淳耀和侯峒曾、侯岐曾兄弟的倡导，直言社成员为学主居敬穷理，修身讲躬行实践，不慕浮名，不求虚声。所以到易代之际，他们付出的牺牲也最大。陆元辅后来在给彭珑的信中，也谈到了这一点："昔年弟从先师陶庵黄先生后倡直言社，与者凡二十馀人。……然殉节诸公，无有出直言社外者，则知学之不可不讲有如是也。"（《与彭云客书》，《文集》卷一一）

黄、侯对陆元辅人生观的影响是巨大的，在《与龚子绥书》中，他托龚子绥给弟子马莹（字九达）带话，提醒他：

> 不可因世乱而丧其德，不可因家贫而动其心，本分内事尽有做不尽处，境遇如梦，不足道也。每思从前，衮衮名利场中，蚁逐蜗争，而今安在？真可发一大噱。故朱子云：世间万事，须臾变灭，皆不足置胸中。惟有穷理修身为究竟法耳。此处看不破，风吹草动，心便随他流转。若看得破时，壁立万仞，做个顶天立地汉子，岂不胜温饱一生，草木同腐？（《文集》卷十一）

这话也可以看作是他给自己设定的立身标准。

陆元辅为人宽厚，性情恬淡，为学不尚虚名，持论也不陷偏激。陈瑚《菊隐先生文集序》曾评价他说："综其为人，孝于亲，友于兄弟，笃于师友，外无町畦，中无城府。夸世钓奇,不屑为也。"张云章《菊隐陆先生墓志铭》亦云:"先生于师友之分最笃,陶庵既殁,图其像悬之室,晨起必肃礼,言必称先师。搜其遗稿于劫灰之馀,而梓以行世。其周旋侯氏之难,而保雍瞻一孙于流离琐尾之馀,皆人所难者。"(《朴村文集》卷一四)对于自己的性格,他有诗概括说:"衡物君知我独宽。"(《剩斋南溟羽明秬园岁寒亭留饮即事次南溟韵》其二,《诗集》卷三)正是这一点,决定了他后来人生道路的选择。

## 二

明亡之际,他和多数读书人一样,都面临过生死抉择。他的态度是:

> 若诎身贬节以求苟免,必宁死而不为。君子之处季世,惟当自尽其道,而祸福一听之于天。持激亢之论,为惊世忤俗之事,以扞文网,触机阱,此不尽其道者,相戒勿为可也。强勉以行道,谨慎以守身,如是而免祸,诚所谓父母全而生之,子全而归之者矣。即有不幸,亦可见先人而无愧。

这段文字出自归庄的《小宛斋记》(见《归玄恭遗著》)。"小宛斋"为陆氏斋名。归庄在文中专门解释了陆元辅以"小宛"名斋的用心,其实也借机阐述了遗民对待生死的普遍态度——既不诎身贬节以求苟免,也不必轻弃性命,"扦文网,触机阱",做无谓的牺牲。所以张云章《菊隐陆先生墓志铭》中记载道:"明亡,兵至嘉定。城陷之日,陶庵以下相与抗节致命,其存者惟雍瞻与先生。先生少时亦师雍瞻,两人者以为可以无死,号泣去之,相保于乡之厂头。"在黄淳耀和侯峒曾等守城失败,相继殉身以后,陆元辅跟着老师侯岐曾一起避居乡间,躲过了最初的灾难。他的陪伴,对侯岐曾克服心理伤痛,提供了很大慰藉。《侯岐曾日记》中,有大量他和陆元辅对谈、对饮的记载,两人几乎形影不离,可见相依之深。

顺治三年四月初,侯玄泓邀陆元辅入家塾,教孤侄侯檠及长子开国读书。次年五月初十,侯氏再遭家难。危难之际,夏淑吉以孤子相托,陆元辅慨然允诺,成就了一段救孤的传奇。据他后来回忆说:

丁亥(按,顺治四年,1647)五月,吴胜兆作难云间,雍瞻先生以藏陈黄门卧子被杀。智含以亡命,记原、研德亦皆奔迸自匿。文中妻夏氏荆隐携孤儿檠泣血拜余曰:"君、舅素称先生笃志节,急患难。家祸如此,死者已矣,逃者存亡亦未可知。上谷一线,全系此儿。且西铭及先公俱无后,又两姓之所恃赖也。敢责先生以王成匿李燮之事?"予再拜受命,伪为商贾服,舟载武功以逃。行未数里,与捕智含之兵相值,属有天幸,搜索弗得。遂舍舟登陆,昼伏宵行,由南翔至娄东之沙溪,转徙虞山之何舍,仅而获免。西铭夫人王氏潜迎以归,予即授经于清河之七录斋。一室之中,吞声相向。每读古人忠孝之事,未尝不慷慨激昂。(《书侯生武功挽诗卷后》,《文集》卷十三)

关于这次救孤的艰辛,陈瑚以目击者的身份提供了旁证:

丁亥夏,予以省亲至沙溪,忽有人焉徙倚彳亍于溪桥之侧,呼予舟而问渡焉。问其姓名,则固向之陶庵先生所称陆翼王者是也。……时翼王方奔走上谷之难,宵行昼伏,眦垢不洗,足茧不濯,往还数百里之远,殆不

惜身殉其事者。(陈瑚《陆新川隐居七十诗序》,《确庵文稿》卷一二)

对此,他忍不住感叹道:"已而思之,夫人当生死,患难之交奋不顾妻子,捐顶踵以赴友生之急,斯已奇矣。"

乱世的人生,各有各的不幸。当陆元辅为了保护恩师的一线血脉而东躲西藏时,他的家庭正遭受着居无定所、食不果腹的煎熬。他在《和陶咏贫士七首录三》诗序中回忆说:"余家本新泾,乙酉遭兵变,室庐荡然。丁亥中春,移居南野,与上谷相依。中夏上谷遭难,复失所托,妻啼儿号,日聒于耳。"(《诗集》卷一)

入侵者的暴虐,师友的鲜血,亲人的流离失所,加上自幼接受的夷夏之防、君亲之伦,都让他对这个异族建立的新政权一时难以认同。顺治五年(1648)十一月,他在太仓作诗抒怀云:"酒酣望京华,泪下百川导。神州吁晦冥,日月兹犹冒。纲常赖以维,遗民视为堡。伊余负孤姿,生辰苦太早。飘零豺虎窟,日夜忧心捣。"(《戊子仲冬客居娄东以诗代书寄华天御陈言夏》,《诗集》卷一)面对"幕中荀彧谁思汉,阁上杨雄已美新"(《七夕喜晤陈确庵》其三,《诗集》卷四)的世态变化,他深感"出门无通路,满目横戈鋋。畏人块独坐,哀愤奚由宣"(《冬夜酬许九日夏夜见怀兼酬王羲白枉赠之作》,《诗集》卷一),并且认为"南阳兴复事,梦想不能无"(《兵气》,《诗集》卷二),期待黑暗时期尽快结束。在这一时期的诗作中,他既表达了对新政权的厌恶,也反复流露了对前朝的凭吊,和对西南永历政权的关注:"偷眼西南时一望,云端仿佛虎龙纹。"(《清明》,《诗集》卷三)

但是,这一切都抵不过现实的残酷和时间的无情,随着清朝统治的逐步稳定,恢复成了一个日渐遥远的梦想,陆元辅的对抗之情注定了会逐渐淡化。这样,他就需要对自己的人生重新进行定位。

## 三

他态度的转变基于两个原因:一是对明朝恢复无望的清醒认识,二是现实生计的压力。其《侯研德至嶜……小饮即事》诗,真实地写出自己面对的窘境:"此生绝望汉衣冠,伏枕萧条集百端。乱后胸怀多感慨,年来衣食倍艰难。赁春德曜贫兼病,短褐宗文暖亦寒。更有客愁无奈处,高堂菽水未成欢。"(《诗集》卷二)在政治上,对恢复华夏道统已彻底绝望;在生活上,则衣食艰难,连双亲都无力奉养。在

《赠钦序三》诗中,他再次讲到了自己的困难处境:

> 干谒耻王侯,艰难仗朋从。年年愁岁暮,浪迹游诸邦。今秋贲吾嶛,邑小复岁凶。譬如涸辙鱼,难沫失水龙。启社二三子,周急古人风。……嗟余兵燹后,贫病与子同。薄田耕十亩,只足充租庸。高堂菽不饱,稚子啼门东。室人交谪我,有耳假作聋。饥驱思乞食,未语颜先红。因兹益困踬,鸡黍不能供。(《诗集》卷一)

可以说,正是这种普遍性的贫困,迫使当日许多读书人不得不转变态度投入了新政权的怀抱。

其实,陆元辅在坚持文行出处的一致性和顺应形势的灵活性之间,一直做着谨慎的调适。这从他入清后对弟子马莹开始参加童生考试和进学后态度的变化,就能看出来。

马莹入清后本已放弃举业,投身农事,后因"亲老茹贫,外侮日至",乃决定重拾举业。陆元辅闻讯,曾"贻书譬以出处大义",劝其不要应试。但他决心已定,没有接受。陆元辅有一首《和陶示周祖谢三郎》诗云:

> 黄绮入商雒,采芝多所欣。渊明麾粱肉,偃卧傲时

人。岂不好荣达，出处固有因。余昔述孔业，三子负笈臻。春秋谨严旨，函丈夙讲闻。今兹献策游，曳踵良辛勤。讴吟久思汉，震惊已及邻。愿言见几早，持竿东海滨。(《诗集》卷一)

诗序中说，此为"马生、徐生、龚生赴试，作此示之"。诗中谈到了士人出处大节的重要，也谈到了复明力量仍在活动，局势随时会发生变化("震惊已及邻"句后有自注云："闻王师收阑。")，希望他们见机止步，隐居全节。序中提到的"马生"和"龚生"，当即马莹和龚子绥（名俟考），和"徐生"都应是陆的学生（诗中有"余昔述孔业，三子负笈臻"的句子）。

由于当时战争尚未结束，主政地方者多由贿赂得官，考试时很难主持公正，所以马莹开始几年屡试不中。直到顺治十二年（1655），李来泰出任江南上江学政，彻底整顿学风，大力奖拔寒俊，才得以"一战而霸"。这时又有人从道义的立场为他感到惋惜，说起了风凉话："威凤祥麟不见于盛时，而出于斯世，洵吾道之穷也。"针对这种议论，陆元辅专门撰文发表了自己的看法：

昔人有言：圣人不凝滞于物，而能与世推移，故代不必夏商周而可以行先圣之道，时不必秦汉唐宋而可以存正统之心。五胡之乱，神州陆沉矣，王景略之仕苻坚也，以中国之治治之，秦以大治。临没之语，犹谆谆于正朔在晋，勿以为图。蒙古入主，经籍扫地矣，许鲁斋之仕元也，明朱子之学以淑学者，而胡人始知"六艺"、"四书"之可贵。儒道之不坠，寔嘉赖之。是二公者，时否而心亨，迹污而道洁。所谓能与世推移而不凝滞于物者非耶？今之君子筮仕新朝，便以苟贱待其身，而不自贵重，何其与古人相刺谬哉！（《送马生入泮序》，《文集》卷七）

所谓"不凝滞于物"、"与世推移"，就是顺应形势的意思。他用东晋十六国时王猛受苻坚之聘任前秦（氐族政权）丞相，及元朝初年许衡应忽必烈之召出仕为例，说明人虽无法选择时代，但只要道宗先圣，心存正统，即使参加了异族政权，也可以使"儒道不坠"，收到"时否而心亨，迹污而道洁"的效果。前后仅数年的时间，陆元辅对新政权的态度即发生了十分明显的变化。这显然与他结合自身处境所做的思考有关❶。张云章在《菊隐陆先生墓志铭》中也提到了陆元辅思想转变过程："先生脱去博士弟子籍，分将潜深伏澳，以布衣老矣。而当世大人先生以其经师，必欲力致之。先生念已于前朝未有禄仕，出亦无害，而以贫故，糊口四方，亦非不义之粟。故以礼来聘者，先生不之拒。"

"禄仕身堪辱，谋生计未长。"（《夏日杂兴同归玄恭叶岳心作于金氏园亭以溪回松风长为韵》五首之五，《诗集》卷二）这是易代之际许多读书人面临的两难处境——仕即辱身，隐则食贫。所谓"贫病缘思汉，狂歌只避秦"（《寄怀归玄恭》其一，《诗集》卷二），堪为遗民隐士的普遍写照。作为黄淳耀与侯岐曾的门人，陆元辅曾立志要做个"顶天立地的汉子"，当然不会在新朝求仕，但又并没有隐居的资本。

科举时代，读书人的出路一般不外乎三条：一是入仕，

---

❶ 需要注意的是，对王猛、许衡的人生选择，严守遗民立场的徐枋并不认可。他在《张征君德仲先生七十寿序》中说："昔人之以不能自弃其才而终于自累者，彼张宾、王猛无论矣，以姚枢、许衡之贤，讲洙泗之绝学，继濂洛之正传，道尊学立，为世儒宗，苟以道自重，友教天下，则其化行后学，又岂以一官重哉？顾不自爱，出而仕元，卒不能不为贤者千古之累，其以视怀宝而遁世者，其明决又何如也？"黄曙辉、印晓峰点校：《居易堂集》，华东师范大学出版社二〇〇九年版，第一六〇页。顾炎武在《与友人论学书》中也说："出处、去就、辞受、取与之辨，孔子、孟子之所恒言，而今之君子所罕言也。……愚所谓圣人之道如之何？曰'博学于文'，曰'行己有耻'。自一身以至于天下国家，皆学之事也；自子臣弟友以至出入、往来、辞受、取与之间，皆有耻之事也。耻之于人大矣！"华忱之点校：《顾亭林诗文集》，中华书局一九八三年版，第四页。顾炎武的话，显然有特别的针对性。

二是教馆，三是做幕。陆元辅弃去学籍以后，入仕这条路就等于放弃了。作为一个单纯的读书人，他又不具备做幕的经验和素质，惟一擅长的就是教馆授徒。从相关记载看，他在明末就开始授馆，曾在秦松龄家任过塾师。如今要维持生计，也只能继续传经授道。侯岐曾父子把他延入家塾，既是为了解决子弟教育问题，也是想给他提供一份生计来源。《侯岐曾日记》在顺治三年二月廿二日，记载了一个细节，可以看出他彼时的经济状况："翼王以被酒无寐，早送入城。欲买一书而无赀，姑以一金助之。"

陆元辅立孤的义举，为他赢得了普遍的赞誉。顺治十年（1653）侯檠去世后，当地许多名门望族争延其任子弟师，"于太仓则太原王氏，昆山则东海徐氏、南阳叶氏，长洲则广平宋氏。而东海公乾学力趣先生入都，则又有宛平王公崇简、孙公承泽、蔚州魏公象枢、江宁王公弘泽，皆虚己授餐，或俾子弟执经焉。"太原王氏指著名画家王时敏家。东海徐氏和叶氏指昆山徐乾学（后任刑部尚书）和叶方蔼（后任刑部侍郎），广平宋氏则指宋德宜（后拜文华殿大学士）。

陆元辅初至京师是康熙九年（1670），时已五十三岁。旋经徐乾学介绍，入孙承泽家教馆。孙承泽曾任都察院左副都御史，时已告退家居。康熙十五年（1676）因孙承泽去世，陆失所依，遂南还。十七年朝廷召举博学鸿辞，礼部尚书吴正治以其名荐，州县敦促，再上京华。次年与试，以"诡不入格"得脱，遂滞留京师。康熙二十一年（1682）入余国柱幕，为其二子师。二十七年，余国柱罢相，又馆于徐乾学处。次年徐乾学被参回籍，乃随归。

久客归来的陆元辅，曾有诗自叹："客里忘贫贱，归家始自伤。"（《夏日杂兴同归玄恭叶岳心作于金氏园亭以溪回松风长为韵》五首之五）"既归，贫不自给，复馆徐公家。然以年力渐惫，不能客外。"至康熙三十年（1691）九月十四日，终于在贫病中走到了生命的尽头。

## 四

陆元辅晚年长期栖身豪门，客居京华，这与他以理学名家、自号菊隐的形象，多少显得有些矛盾。对此他不是没有意识，曾有诗云："市隐终嚣杂，归田计未成。"（《与东皋诸友过盛无纪新居》三首之三）所谓"市隐终嚣杂"，乃化用白居易《中隐》诗中"大隐住朝市，小隐入丘樊。丘樊太冷落，朝市太嚣喧"的典故。白居易生当太平之时，他所崇尚的"中隐"是"隐在留司官"。这说到底不过是个人心态的问题。但在明清易代、汉帜消亡的背景下，陆元辅用"市隐"来给自己定位，多少会显得有点勉强。为了防止别人不理解，他在给陆元泓作的《硕迈诗草序》中，对世间的隐士做了真假区分：

> 今之号为隐者多矣，然隐有真伪之分。……彼山人墨客，身托冥栖，心艳荣利，挟贵人尺书奔走阃台郡县，以邸报为腹笥，以除目为诗题，缔章绘句，务悦人以丐其馀沥。(《文集》卷五)

《俞声木游嵺诗草叙》中有一段文字与此近似，都有自剖心迹的意思：

> 世之所谓善游者，不过奔走形势，伺候颜色。以邸报为谈资，以颂祷为竽牍，庶几媚悦当事之意以求一饱而已。得志则意气扬扬，失志则容辞戚戚，求其知与不知，俱嚣嚣自得。(《文集》卷五)

与上面提到的假隐者相比，陆元辅虽转徙于豪门，却始终不失自尊，用张云章的话说：

> 先生德成行尊，士大夫相语往往称陆先生。虽不举其字，而知必其人也。先生对客乐易可亲，而严凝内持，虽卿相之尊，视之不过如平交。而吾吴中如故相国宋公德宜、徐公元文、侍郎叶公方蔼，及原任尚书今徐公乾学，皆以兄礼事先生，先生终无所让。

这也是他"不凝滞于物"、"与世推移"的具体表现。钱澄之《菊隐诗为疁城陆翼王赋》云："菊隐意有以，菊亦不在花，隐亦不离市。只此傲霜姿，澹而静者是。"（《田间诗文集》卷一九《客隐集》）诗中强调的澹静之姿，就是陆元辅"市隐"的主要证明。

为了进一步证明自己不是假隐，他曾乞姜宸英作《菊隐说》，为自己辩护：

> 有隐君子陆君翼王，少事举子业，中遭感愤废辍，穷研于六经，无虚日夜，各成疏义十馀卷。其自号菊隐，余视其庭中无一菊者，窃疑其所称非实。抑思菊之为性，掩葩于艳阳之日，挺节于严霜之候，是屈子之所欲餐而陶公之所尝采者也。今以君之慕乎古也，耽其精

> 英，撷其茂实，至于穷历年岁，尘视轩冕，窅然若不知天地之为大，而万物之为众，以视乎种菊者之专一，其所好而不移也，则君之所自寓，舍是其奚取焉。(《湛园文集》卷七)

而最能说明他这种心态的，则是计东《菊隐赠言册序》中的一段文字：

> 翼王自号菊隐，宜兴陈其年为序翼王生平不负师友事甚详，其文亦哀艳可诵，今载汪氏《说铃》中。予谓此序足不朽矣。而翼王意犹未已，复于京师集孙侍郎，王、龚两尚书及陈先生胤倩、朱子锡鬯诗凡数十首，汇为一册，以发明菊隐之义。……孤竹君二子采薇食之，不死，有处女过之，指其薇笑曰："此亦周之薇也，耻食周粟，独忍食周草乎？"呜呼！必若斯言，则皋羽、所南诸君子之优游岩壑、寿考以殁者，亦有愧于二子多矣。然斯言也，苛而不可信。今但去其泰甚，或姑晦其隐士之号而可乎？"(《改亭文集》卷四)

计东以宋末元初遗民谢翱、郑思肖为比，对历史上所谓"不食周粟"的传说做了合理的辨析，矛头所向，显然是社会上有类似的质疑声。同理，王昊给陆元辅的赠诗有"凤隐高栖食，鸿飞惜羽翰。蕨薇商叟志，冰雪汉臣餐"（《赠陆翼王》，《硕园诗稿》卷七）的句子，吴骐赠诗也有"文山昔日乘箕去，流落人间有谢翱"（《赠陆翼王》，《颎颔集》）的句子，几乎都在呼应计东的观点。

明清易代之际，文人所处的社会环境极为复杂。明末文人喜结社，文社之间的攀比和竞争，本来就带有意气的成分，客观上已造成了士人群体的分裂。入清后，新旧社会矛盾加上民族矛盾，更引发社会价值观的混乱和冲突，加剧了士人的分化。陆元辅曾收集明末死难者的事迹编为《争光集》，欲请钱澄之作序，钱澄之却回信要他区别"期死而死者"与"不期死而死者"。理由是若对"烈烈而死者"与"碌碌而死者"不加区别，则"烈烈与碌碌者一例，其光犹之幽也"（《与陆翼王》，《田间文集》卷五）。所谓"光犹之幽"，意思是有光芒也被掩盖了。若按这种细分的逻辑，对清初遗民群体也加以审视的话，陆元辅的"市隐"，与顾炎武、徐枋、归庄等以清贫自守的隐者相比，当然也有很大的不同。顾炎武就曾写信劝潘耒别入其外甥徐乾学之幕，因为"彼之官弥贵，客弥多，便佞者留，刚方者去，今且欲延一二学问之士以盖其群丑，不知薰莸不同器而藏也"，且认为这是"以百金之修脯，而自侪于豪奴狭客"的行为（《与潘次耕札》五首之二，《亭林馀集》）。有意思的是，顾炎武康熙九年游京师，就住在徐乾学家，与陆元辅有过多次交集，却在诗文中只字不提他。归庄虽应陆元辅之请写过《小宛斋记》，但其他文字中也不提他（相反，陆元辅的诗集中倒有多处写到两人的交往）。

为了强调自己的遗民立场，在被征参加博学鸿辞考试后，陆元辅甚至编织了一个黄淳耀在考场显灵的故事，以证明自己没有违背老师的教诲。钮琇《觚賸》卷四"燕觚"载：

> 己未（康熙十八年，1679）岁，余于都门遇陆翼王元辅，即先生（按，指黄淳耀）门人也，以博学鸿儒召试。试时忽有风掣其卷，恍惚间先生入梦，大书"碧血"二字示之，陆为悚悟，投笔而出，遂不与荐。

这个故事曾被秦瀛《己未词科录》再次提及。虽然其事在今天看来并不可信，但陆元辅试后所作的诗，却证明钮琇并未

说谎:

> 余本丘壑姿,何心观上国。鹤书忽赴陇,州县来敦迫。黾勉别亲知,束装事行役。入都久沉滞,腼颜就试席。黑云罩我颠,草草甘塞白。天意幸从人,野马脱羁勒。(《送侯生大年宋生声求还吴》,《诗集》卷一)

黑云罩顶,风刮试卷,都属于正常的天气现象,但考场做梦云云,则有点自神其遇了。这只能说明他的内心是不安的。再看他赴试前与友人告别时的诗,完全是另外一种心境:"野性元宜麋鹿群,那堪挟策对时君。忽膺荐牍真虚誉,欲上征车愧少文。"(《翰臣席上次士延送别韵》,《诗集》卷三)其中并无半点被迫无奈的感觉,只有名不副实的自谦之意。据此可以判断,他是在犹豫和矛盾中做出最后选择的。张云章《菊隐陆先生墓志铭》中的说法,看起来比较近实:"先生念异时师友,尝抱隐痛,又既弃诸生,不欲违初心。召试诡不入格,又多规切语,主者得之不敢献。然先生辈三四人,诸公雅重其名,因奏未与选者,年近七十以上,加中书正字等衔以宠之。时先生年六十有三,具以实对,遂罢去。"

在送别侯开国南归的诗中,陆元辅对自己的心态做了这样的说明："眼看銮坡彦，扰扰竟何益。微禄数十金，舆马难周给。空囊资丐贷，屡遭铜臭斥。何若坐萧斋，恣意搜典籍。饱餐学士饭，偃仰以自适。且得饷妻孥，聊度岁荒厄。因此缓归鞭，非谓出上策。"这话照直了讲，就是自己并不羡慕那些中了博学鸿辞的人，他们领着薄俸，生活窘迫，还不如自己教书自在。

## 五

作为幸存者，陆元辅对继续活下去的意义有过认真的思考。顺治十三年（1656）端午，他将朱熹的《敬义斋铭》刻置座右，用以自警，并作文说："元辅弱冠即妄希踪圣贤，心求其一，事求其宜，学之且二十年而卒未有得也。四十无闻，中实怀惧，爰刻是铭，置之座隅。"（《跋朱文公敬义斋铭后》，《文集》卷一三）身为受过儒家传统价值观熏陶，具有入世精神的读书人，陆元辅虽以隐者自居，却不甘心默默无闻地度过馀生。所以"四十无闻"的焦虑，在他的诗文中时有流露。如《先考新川府君行略》中说："闻人子之道，莫大于扬名显亲，又莫乐于子之名因亲以显。……故白首无闻，与庸众不异，亦足悲矣。"（《文集》卷一六）《冬》诗云:"壮志频看剑,哀歌独抚琴。平生三不朽,长畏二毛侵。"(《诗集》卷二)《岁暮有感》其一表达得更是直白:"荏苒年华四十催,无闻俛仰总堪哀。素丝一缕衰先觉,青史千秋意未灰。海外幼安全隐操,隆中诸葛养奇才。平生抗志追龙德,莫使前人笑后来。"(《诗集》卷三)

"三不朽"之说是春秋时鲁国大夫叔孙豹提出来的(见《左传·襄公二十四年》),具体所指为:"太上有立德,其次有立功,其次有立言。"其中立德要系乎社会舆论的评价,立功要借助一定的权力,惟有立言是可凭自身努力实现的。在给马莹的赠序中,陆元辅就从历史人物王猛和许衡身上得到了启发,特别是许衡由南入北,使得北方理学复兴,对儒学的传承发展做出了重要贡献。因此,在传道授经之馀努力保存先世文献,坚持个人著述,就成了陆元辅的主要追求。其《述怀二首》之一说:"兵燹馀生须努力,百年鼎鼎易浮沉。"之二说:"疁城僻处东海偏,文献由来自有传。金许儒林承绝学,欧曾文匠压时贤。风尘麟凤悲黄土,榛棘蜩螗起暮天。力弱难支先后任,只应扃户守遗编。"(《诗集》卷三)吴伟业被召赴京时,有诗寓归隐之意,陆元辅即赋诗招之,尾联云:"休把年华成浪掷,中原文献叹沉沦。"(《吴梅村宫詹将至京师呈当事诸公诗四首落句皆三致归隐之意余因用为起句倒次其韵以招之》其二,《诗集》卷三)表达的都是同样的意思。

作为读书人,陆元辅一直重视对师友著作的保护。在带着侯檠匆忙出逃的紧急时刻,他都不忘"视所藏书有侯氏先世及广成父子之遗文,与夫雍瞻所作,搜取凡数十束,载小舟潜去"(《菊隐陆先生墓志铭》),使侯氏家集得以保留到乱后。夏完淳父子的《幸存录》和《续幸存录》,也是经他保存下来的。其《题续幸存录后》回忆说,顺治四年吴胜兆事败后,夏完淳的《续幸存录》尚未完成,但他已预感自己处境危险,即将两书交给陆元辅保存。另外,他还与张懿实、侯玄泒等编辑了黄淳耀的《陶庵全集》。以上这些文献能够流传,都与他有密切关系。

他后来栖身豪门,既为谋生,也为了能遍观各家藏书,以助撰述。张云章说他"所主既皆海内巨室大家,发其藏书,益资阅览,每拥皋比,则前后书卷屹然如城,手披口吟,午夜不撤。门人侍侧者欠伸思睡,先生取其所业反复诠解,朗诵数过,无不蹶然起。又往往遍借异书,手自缮录,腕脱不倦,积多至千卷。先生于是遂博极天下之书。……束脩所入,大半用以购书。在京师有书数千卷,力不能致之家,以是欲去而徘徊者二三年"。秦瀛《己未词科录》也说他"在京师从诸巨公遍借异书,手自缮录,至脱腕不倦,积至千卷。束脩大半以购书籍"。这一点,与他同时代的友人亦多有提及。如徐釚《送陆翼王南还》曰:"穷年采辑事冥搜,坐破绳床已白头。……注就遗经藏复壁,好从百氏辨源流。"(《南州草堂集》卷八)施闰章也有"墙东避世征车重,箧里抄书秘本多"(《送陆翼王》,《学馀堂诗集》卷四二)的句子。

陆元辅一生勤于著述,到病终前,"犹矻矻事编纂不少休",未竟的事业悉托付给同里后学张云章去完成。张云章后来在为其所作的墓志铭中,对他一生的学术和成就作了全面的总结:"学本陶庵,而晚益克实,不杂佛老,博综子史,惟欲资以发明经训,有所要归。……自早年以存诚主敬自励,至老而自强不息,有得于濂溪所云学圣以一为要者。期自寡欲进于无欲,以实践斯语。……所著有《十三经注疏类抄》若干卷,《续经籍考》若干卷,《明季争光录》若干卷,《菊隐纪闻》若干卷,《文集》若干卷。尝欲辑本邑文献,未有成书。又《经籍考》虽经编次而欲重加论列,以续马端临之后,此先生未竟之志也。"

世事变幻,白云苍狗。陆元辅生前曾自叹:"无年无月无离别,一暑一寒一叹悲。匣底双龙空欲吼,此生只合老书帷。"(《岁暮有感》其二,《诗集》卷三)在接受了命运的这种安排后,他把全部精力都倾注到帐下授徒和帷中著书。遗憾的是因一生贫困,所著生前均未付梓,加上后世不振,终致其大量散亡。王鸣盛在《杕左堂集序》中说:"菊隐先生集,卷帙甚繁。今里中虽有抄本,莫为刊布,将就埋没。斯文之有幸不幸,岂不重可慨与。"(《西庄始存稿》卷二五)后在《朴村集书后》中又说:"菊隐后尤衰落,所撰著尠有存者。"(《西庄始存稿》卷三二)

陆元辅曾经认为,人虽不能选择时代,即使遭时不幸,也应心存正统,道宗先圣,努力有所作为。而走近历史,我们又会发现,一个人成就的高低,固然与家庭出身、成长经历、教育水平、交游圈子和努力程度有一定关系,可最后起决定作用的还是个人的秉性和才分。陆元辅为人忠厚笃实,所以身陷绝境的夏淑吉才会向他托孤;但其生性平易随分,故不会有壁立千仞的慷慨和决绝。这种性格不论为学还是为人,都容易缺少深度和锐气。如果没有那场天翻地覆的时代灾难,他很可能与众多的读书人一样,要在科举之路上逐队英雄,挣扎一生。但时代惨变,那场救孤的壮举把他忠厚担当的一面凸显了出来,而豪门的庇荫又让他蒙受了不小的舆论压力,暴露出了性格上软弱的一面。张云章曾提到他老年重听,在余国柱幕下有过些不合时宜的举动，民国《嘉定县续志》也记录了两则关于他的笑话，都给人以老年迂腐的印象。其平生撰著，从题目看，也以抄纂为多，可见才性之一斑。

岁月如梭，浮生若梦。一代老儒，早已消失在了历史的暮霭中。一生辛劳，竟被雨打风吹去！——唯有诗文集留下了两种抄本。

# 失侣青春首似蓬 ——寂寞夏淑吉

夏完淳《束荆隐女兄》诗回忆说:"余也寡兄弟,独有贤女兄。周旋襁褓间,恩勤靡与京。殆将周极齐,岂止手足情。"

丁亥(顺治四年,1647)五月,侯岐曾被杀以后,侯氏一门死丧狼籍,活着的人或出逃在外,或被缉拿在狱。此时只有夏淑吉系出家之人,能挺身而出,于混乱中收拾残局。

"上谷六龙"中，最早殒逝的是侯岐曾的仲子玄洵。侯玄洵于崇祯十一年（1638）死于心脏病，虽然过早地离开了人世，却得以免遭后来的种种惨祸，可谓不幸中的大幸。但他的早逝，给未亡人夏淑吉造成了毁灭性的打击，也彻底改变了她的人生。

关于玄洵的病情，侯峒曾在《侄洵病中记序》中介绍说：

> 犹子玄洵四五岁时，体肥重，类不甚慧者，及就傅，朗朗然有成人之姿，予与弟乃稍异之。然渐病，貌渐以癯，塾课多不中程，父师犹以为荒于嬉，非甚疾痛害事也。自年逾舞象，病渐以深，壬申（按，崇祯五年，1632）春学使者试童子，洵以病不克随兄就试。其秋再试，乃赴之。每试日，病良已，遂举茂才，家人相贺以为可当《七发》矣，不知病之入膏肓也。余尝深察其病从先天来，火伏焦腑间，长而发愤沉挚，百虑攻中，郁积致然。……至癸酉（按，崇祯六年）岁，益病，秋冬间乃大剧。家人见之谓发狂疾，所以疗治之者百方，迄不效。十月六日之午，余往视之，时痛楚困踣，寝食废而仅续者百昼夜矣。（《侯忠节公全集》卷一一）

玄汸作为同龄人，对弟弟的病况有更具体的观察和记忆：

> 壬申而疾作，中鬲痛急，不能俯仰，时已寻发。……痛剧时，辄作大书，必讲道之言，达生之论。每春笔忍痛，墨渗纸背逾寸，忽得七言长歌一篇，呼予曰："兄试为我书之，骨欲其立，势欲其怒，一波一撇，如刀剑戟。与病魔战，吾痛不能忍矣。"予从未谙大书，不得已强为之。每竟一幅，高跳狂叫，将成，曰："吾气不振，兄为我助阵。"予为益一联助之。叫跳须臾，曰："痛似稍定。"就枕则熟睡矣。……少间就试，隶青浦庠，银台公自抱送之。……戊寅（按，崇祯十一年，1638）端坐而逝。（《月蝉笔露》卷下）

可以说，夏淑吉的不幸，从她被许配给侯玄洵之日起，就已经注定了。她的人生以此为限，形成了两个完全不同的世界。

一

关于明末松江夏氏，存世文献极少，所以我们对其知之不多。但从《皇明经世文编》各卷参编者姓名看，夏氏族人参与的似乎不少，足见其有重文的传统。夏允彝父名时正，字行之，号方馀，一生久困场屋，以诸生终。因其父、祖两代"再世出嗣，而嗣父母禁言所本生事，故先德莫详"（陈子龙《夏方馀先生传》,《安雅堂稿》卷一三）。所以夏氏虽为松江大族，但夏时正却家门单弱。因此，夏完淳《遗夫人书》中所谓的"同气连枝，原等于隔肤行路"之语，并非完全针对易代之后人情淡薄而言的。

夏氏家运的转变，应始于崇祯十年（1637）夏允彝中进士后。夏完淳回忆父亲显贵后，一时"挟策尽为门下士，登坛半是里中儿"（《题曹溪草堂壁》）。夏淑吉后来在追悼父亲的诗中也说："望系安危一代尊，天涯多士昔盈门。"（《先考功谥文忠忌日三绝句》之三）

夏允彝怀济世之志，有担当精神，且持身端谨，不染才子狎邪之习。李雯《送彝仲北上》诗云："天下方须王景略，如君颇似郑当时。相期仗有安危计，不独区区集凤池。"王猛（字景略）是十六国时著名的政治家，曾任前秦丞相、大将军，辅佐苻坚治国安邦，使"关陇清晏，百姓丰乐"。郑当时为西汉名臣，以行侠仗义、举贤任能、廉洁清正知名于世。此诗虽寓临别勉励之意，也不全是虚誉之辞，颇能证明夏允彝有心怀天下的责任意识。当陈子龙与名妓柳如是之间有绯闻传出时，李雯曾致信陈子龙说："今里巷之间，又盛传我兄意盼阿云（按，指柳如是），不根之论，每使人妇家勃豀。兄正是木强人，何意得尔馨颓宕，乃知才士易为口实，天下讹言若此，正复不恶。故弟为兄道之，千里之外，与尚木、燕又一笑。若彝仲，可不闻此语也。""木强"即刚强之意，"尔馨颓宕"犹言如此颓废放荡。李雯在信中特意提醒陈子龙，关于他的那些风流传闻，老朋友中像宋徵璧（字尚木）和彭宾（字燕又），听了自会开心一乐，而夏允彝则不会认可。这可进一步证明他行为方正，自律甚严。他的这些品行，对子女的影响是深远的。

在家庭教育方面，夏允彝则持开明态度，对子女同等施教，所以夏淑吉、惠吉姊妹皆有才名。对此，夏完淳曾不无自负地说："空谷传三隐，名闺美二南。"（《偶与昭南女弟谈荆隐女兄》）所谓"三隐"，是指其姐弟三人分别号荆隐、小隐、兰隐；"二南"则指淑吉字美南、惠吉字昭南。诗中对他们三人的名气和姐姐、妹妹的才貌，表示了无比自信。关于夏淑吉的容貌，虽未见正面的文字描写，但老实人陆元辅在给她的赠诗中，有"幽姿绝代画楼中"（《叠掌亭韵为文中夏节妇荆隐师作》）的句子，由衷地表达过赞美。

少女时代的夏淑吉，不但才貌出众，且心地善良，知书达理。其母盛氏身为正室，却只有她这一个女儿，宠爱之情可以想见。祖母顾氏，对这位长孙女更是极度钟爱，连侯家上下都深知此情。侯峒曾在《祭夏瑗公母顾太孺人文》中就说过："且太孺人所奇爱者，非贤孙女乎！"

夏淑吉的性格和品行，在嫁入侯家后，很快赢得了上下的普遍认可。侯峒曾在其新婚之后，给亲家夏允彝的信中说："贤女于归，吾两人皆不得与迎送，而仆家上自老慈，下迄臧获（按，奴仆），谓家有令妇，欢欣一词。仆尝以书戏犹子云：'此真不愧彝仲之女，第恐汝便在天壤间耳。'年兄在远，亦当听（yǐn）然而笑。"（《与夏彝仲进士书》，《侯忠节公全集》卷七）

不仅如此，夏淑吉遇事有远见，临危不乱，敢于担当，在后来侯氏家难发作时，曾有过充分表现。特别值得注意的是，在弘光政权建立之初，面对朝廷的征召，当夏允彝犹豫不决的时候，夏淑吉曾冷静地规劝说："君相失德，东南必败。盍先结庐于乡。"帮父亲做出了决断（《紫隄村志》卷七）。所以夏允彝后来感叹说："弘光之世，予得洁躯者，吾女之力也。"（侯玄涵《吏部夏瑗公传》）而在清兵南下之前，为了兼顾侯、夏两家，她还提前在龙江乡下买了一所园子（即《侯岐曾日记》中所谓的"陈园"），为家人躲避战乱提供了庇护。《紫隄村小志》记载说："氏（指夏淑吉）预卜居漕溪、龙江之间，两姓奔命，赖以栖止。"又说："已而松郡兵起，先生（按，指夏允彝）携家避居上谷别业，撰《纳言本传》。尝手书云：'一家大小俱累吾女，生男勿喜女勿悲。'信然矣。先是，上谷龚太恭人、李恭人自龙江定居厂头，夏独未偕往，实以父在乡间需供给也。"

作为夏氏长女，不论出于家庭责任还是个人感情，她对庶出的弟弟完淳，始终疼爱有加，由于年龄的差距，这种姐弟关系甚至超出了手足的界限。夏完淳《柬荆隐女兄》诗回忆说："余也寡兄弟，独有贤女兄。周旋襁褓间，恩勤靡与京。殆将罔极齐，岂止手足情。"充分表达了他对姐姐的依恋与尊敬。

二

怀着对美好未来的期待，崇祯十年（1637）冬，夏淑吉

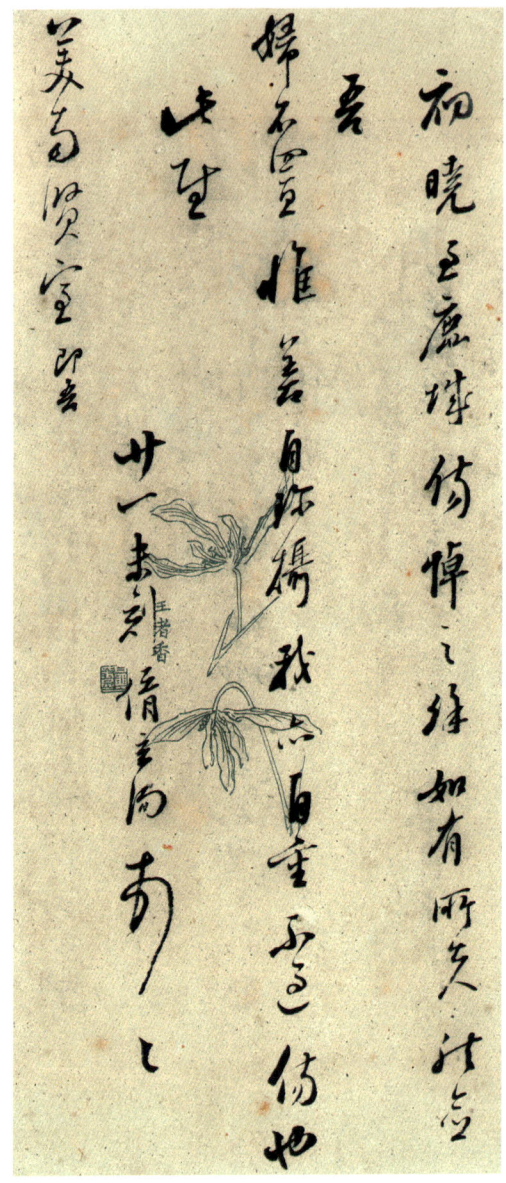

侯玄洵致夏淑吉书

迎来了自己大喜的日子。关于新婚生活,她写过一首《闺思》诗:"碧天明月影迟迟,翠袖轻寒香露滋。海内风尘劳客梦,江东罗绮擅文辞。频惊桂棹回前渚,时整花钿立小墀。子夜明灯犹未寝,鱼笺珍玩感婚诗。"诗中描写了新婚离别的寂寞,也流露了对侯氏门第声华的满意和夫婿才华的欣赏。这大概是她对幸福生活的最后记忆了。关于他们婚姻生活的细节,可资参考的材料不多。侯玄洵婚后有次去昆山参加一个丧礼,给夏淑吉写信,极道思念之情:"初晓至鹿城,伤悼之馀,如有所失,然念吾妇不置。惟善自珍摄,我亦自重不过伤也。"(《明嘉定侯峒曾墨迹》附)可以看出两人感情甚笃。

夏完淳在《孤雁行》中回忆姐姐成婚时的情景说:"侯氏有佳士,妃我贤女儿。翡翠垂其肩,珠玉结其襟。阿弟搴裾泣,送姊出我门。江波日夜流,令我怀沉沉。入堂拜舅姑,侯氏称嘉宾。"作为一个儿童,他对姐姐的出嫁非常不舍,但新娘子漂亮的打扮,却让他记忆深刻。

侯家人此时却完全是另一种心态。玄洵的病情多年来一直让他们担心,他们可能想借助这桩婚姻,使他的病情出现转机。然而,实际情况并不令人乐观。据玄汸后来回忆说,玄洵"就婚云间,予踏冰送之,结缡舟中。银台南中寄诗所云'遥知冻合琼瑶圃，不碍双栖玳瑁梁'是也。新妇入门，适双碗坠地，太恭人以为不祥"（《月蝉笔露》卷下）。祖母龚氏的不祥预感，不能说与对孙子病情的担忧无关。

　　生活总是在给人惊喜的同时让人意外。对夏淑吉来说，新婚的喜悦没有维持多久，很快就被深深的担忧取代了。侯峒曾在《祭夏瑗公母顾太孺人文》中说："方太孺人手划资装，送孙女于门，涕下不能止。既嫔吾家，明《诗》说《礼》，为宗人称。独予犹子洵，年少负疴，太孺人弥痛怜之。五日一询，十日一传，一哙之寐，一盘之餐，或损或益，以忧以欢。"祖母的关切，也折射了夏淑吉内心的焦虑。玄洵发病时的情景，肯定让她无比恐惧。然而此时，她只能独自面对这一切。

　　婚后第二年，侯玄洵即迎来了自己生命的大限，让已怀身孕的夏淑吉陷入了无尽的悲哀。此时，她的父亲正带着母亲和弟弟在福建长乐任知县，祖母顾氏年事已高，无法承受这类事件的打击，所以这不幸的消息连同内心的悲苦，她无法向任何人诉说，只能在夜深人静的时候独自垂泪。在《悼亡》诗中，她写道："萧萧鉴玄夜，幽室生微凉。眷言念君子，沉痛迫中肠。音徽日以杳，翰墨犹芬芳。灵帷空萧条，斋奠直荒唐。举声百忧集，泣涕不成章。"

夏完淳后来回忆这次与姐姐分手和重逢的经过时说：

家君婴簪组，将入炎河滨。阿姊置画舫，送我之虎林。执手河梁上，酌我温琼樽。衣以杂彩衣，从风扬缤纷。阿母默不语，垂泪沾衣襟。阿父拜王母，愿儿报主恩。阿弟拜吾姊，分袂离悲深。征帆入南去，回首无故人。爷娘不顾女，但有唤儿音。寒风正萧条，鸾皇忽已分。遗孤拊柩泣（原注：按谓侯武功），阿爷不曾闻。日月忽如驰，俄顷成三春。秋高父母归（原注：按是时考功会丁母忧归），长叹空江浔。尚见故时树，不见故时人。爷娘走入户，高堂无老亲。拜哭抚灵几，忧来不可任。孤儿在左右，呼舅何殷殷。借问姊何在，姊在堂之阴。膏沐勿复理，镜台遗轻尘。(《孤雁行》)

夏允彝为奔母丧而归，没想到等待他的还有白发人送黑发人的另一桩不幸。未及十岁的夏完淳，这次与姐姐重逢，也未感到丝毫的快乐。姐姐"空房泪如缏，眷言抚孤婴"（《柬荆隐女兄》）的悲戚，父母展不开的愁眉，都让他感到压抑和难过。

已经告别人世的顾太夫人，到死都牵挂着这位孙女。

"洵夭死久矣,而子若孙未敢以讣闻告。呜呼伤哉!太孺人旬日辄问侯氏,声不绝口,怪何故久弗谒,又数见孙女多槁容,怪何故不施饰,于今三四年。而太孺人伏枕厌人事,居尝瑟瑟无娱,子若孙卒不忍告,太孺人亦不忍问矣。"(《祭夏瑗公母顾太孺人文》)

这场短暂的婚姻,留给夏淑吉的唯一安慰,就是儿子侯檠。他成了这位几近绝望的年轻母亲,挣扎着活下去的精神支撑。

## 三

顺治二年夏秋之际,随着清兵南下,夏淑吉寂寞而平静的生活被彻底打破。在躲过了最初的动乱以后,由于新的统治者不断加大压迫力度,一些节义之士开始以自杀的方式,表达与新政权的势不两立,夏允彝就是其中一个。再后来,因剃发令激起的抵抗与镇压,又让更多的人失去了生命,尤其是侯氏一门受祸最烈。精神孤寂的夏淑吉,再次面对亲人的惨烈死亡,内心更加灰暗,遂决意出家,一心向佛。陆元辅《叠掌亭韵为文中夏节妇荆隐师作》大概即作于其剃度后不久:"幽姿绝代画楼中,失侣青春首似蓬。千仞哀凰将独子，七年寡鹄对凄风。慈航矢愿禅功满，觉海常观世相空。"（《诗集》卷三）所谓"七年寡鹄"，可证时间为入清未久。

夏淑吉虽欲彻底斩断尘缘，一志内典，但现实的环境并不允许她这样做。首先是孤子侯檠尚在年幼，她不能完全撒手不管。正如公公侯岐曾致表叔杨廷枢信中说的："儿妇虽已寄迹空门，儿女之怀，亦何能尽遣。"其次是对侯家的安危，也不能置身事外。为了籍产和取租之事，她曾充任信使，前往松江找过李雯。谢尧文被捕后，为弄清楚吴胜兆对此案的态度，又是她亲往松江探的信。

夏淑吉找李雯，当然是缘于父亲与李雯的关系。李雯《蓼斋集》中有《春日散愁兼答侯雍瞻出处之问》诗，证明他和侯岐曾彼此相识，但似乎交往不多。侯玄洵新婚和病逝时，李雯分别有贺诗和哀辞。其《赠侯文中新婚诗》云："玉箫初度紫云凉，玄夜扁舟小洞房。谢女清思能赋雪，荀郎才令更焚香。层冰已结填银汉，惊鹊无劳报晓霜。欲献椒花知不远，蕙音先上郁金堂。"该诗虽题为赠侯玄洵之作，但不能排除有夏允彝的情面在里边。这在《侯生哀辞序》里可以得到证明：

　　故文学吴人侯玄洵，生知玄哲，夙敦家风。孝友洽于邦族，斯文炳于自然。苗而不秀，弱冠中夭。呜呼，悲夫！予以菲薄交其父子，谬以随肩之长，为斯人所崇睐，赏音味道，情寄良深，犹匠郢之得意，牙期之忘言。虽酬接不多，而永怀弥至。又昔承君贞疾，养疴敝邦。往返之间，辄与言咏。及乎嘉礼既将，在洽之阳，君又索予歌诗，助为欢笑。非其至亲笃密，何以有此乎？

其中"酬接不多"一句，基本坐实了前面的推断。

顺治四年五月，侯岐曾被杀以后，侯氏一门死丧狼籍，活着的人或出逃在外，或被缉拿在狱。此时只有夏淑吉系出家之人，能挺身而出，于混乱中收拾残局。据《紫隄村小志》载，侯岐曾"为故人亡命株连罹祸，尽室逃散，氏（按，指夏淑吉）太姑龚赴水死，夜舣舟潜为棺殓，兼收庶姑刘尸，舁置祖茔旁，随遣人间行求其翁尸于云间，而洵弟泓又被逮，娣孙氏又以是时没于上洋，氏既力称贷营救，又抱其子荣抚之。"在收埋遗尸的过程中，夏淑吉不但亲力亲为，还动员侯氏姻戚帮忙。

杜登春在《八悯诗》之六《有明太学上舍雍瞻侯公讳岐曾》中，描述了侯岐曾被杀和自己到松江收殓的细节："从容委顺命，矫首谢秉戎（自注：临行绝不置辩）。恚然一刀落,仰天趺坐终(自注:不肯屈膝,仰天断吭)。我忝犹子谊,亲临剑戟丛。先为具小殓,选匠夜鸠工。负尸血肉堆,香骨炎无虫(自注:时当五月,肌肉干坚)。"(《尺五楼诗集》卷四)杜登春既为侯氏姻党(其长姊适玄汸),还与夏氏有世谊,为姻亲。《八悯诗》之《有明考功郎瑗公夏公讳允彝》回忆夏允彝说:"抚我十二年,一朝遽舍之。亲易先君箦(自注:先君临终出愚兄弟拜之,为托孤之举。),叮咛两小儿。……归来赘我弟(自注:容三为之婿),招我列绛帷。"夏允彝不仅是其父杜麟徵托孤的知交,而且是其弟的岳丈。这种关系,使他义不容辞地要给夏淑吉施以援手。

在大难临头的时候,夏淑吉情急之中把儿子托付给陆元辅。陆元辅带其逃到太仓,在张氏七录斋中躲过了一难,为侯、夏两家保下了这一脉骨血。此后,因为故园荒芜,家乡不宁,侯檠一直跟着陆元辅在太仓、昆山一带读书。作为母亲,夏淑吉时常两地奔波,看望儿子。她的良苦用心,陆元辅看在眼里,也记在心里,所以对侯檠的教育,他丝毫不敢松懈,深怕有负于其母。其《携侯生武功之娄东留题邵浜夏氏屋壁》三首诗云:"千里飘零无定端,黑风白浪共艰难。桓山忽送东飞鸟,一听鸡声裂肺肝。""居子三迁孟母心,丸熊资苦意弥深。只今血汗名驹在,鞭影微扬历崄嵚。""入世方安出世心,空门名教实相参。天伦莫等尘缘视,王母时时降玉岑。"诗中全是对侯檠的提醒和鞭策之语。"娄东"、"玉峰(玉岑)"都是昆山的代称,"居子三迁"乃用孟母三迁的典故,说明他们师生二人迁居昆山,是出于夏淑吉的安排。而"王母时时降玉岑",则说明夏淑吉对年幼的儿子始终放心不下。显然,侯檠是她在人世上唯一的牵挂和寄托,也是她最难断的世缘。

不幸的是,顺治十年,侯檠还是抛下他年轻的寡母,因病离开了人世,让阅尽人间惨剧的夏淑吉,失去了红尘中最后的系恋,她心灰意冷地说:"吾数年来将三百六十骨节交付太虚空,更无系恋矣。"从此谢绝人事,一心焚修。

连续的精神打击和生活磨难,无疑给夏淑吉的健康造成了严重的伤害,侯檠谢世后的第八个年头,她也走到了生命的尽头,死时年仅四十二岁。

虽云佛法广大,无奈苦海无边;都说人生苦短,岂知度日如年。夏淑吉用短暂的一生,承受了太多的苦难。这既是个人的不幸,更是时代的悲哀。历史的舞台虽然已经变换了背景,但生命的光华却永不褪色,我们应该记住她曾经青春曼妙、光彩照人,曾经德才兼备、勇而有谋,也曾经守节抚孤、志坚情柔。

# 义仆与恶仆

所谓义仆、恶仆，都是人性本质在特定环境下的极端表现。往小里看，这关乎一个社会阶层的道德问题。往大里看，则是社会与时代因素相叠加，将人性中的善和恶做了放大。因为在有序的社会中，各种看不见的制约因素，会使积极的价值观与消极的欲念，都难有充分表现的机会。

易代之际的动荡，既把一些忠义之人逼上了绝境，也让丑恶的灵魂得到了全面暴露。

侯岐曾被捕时，第一个受牵连的是家仆侯驯。《紫隄村志》卷五"义仆"类记载说："侯驯：侯岐曾仆也。丁酉四月，松江陈子龙亡命，抵岐曾所。岐曾命驯匿之家，驯欣然奉命，事之甚谨。"关于让侯驯藏匿陈子龙的具体经过，《侯岐曾日记》是有记载的。

陈子龙与夏之旭顺治四年四月二十六日晚间投奔嘉定王庵，次日申刻，王庵传来消息，"车公欲立移别处（自注：卧号轶，呼车公）。故非丰不可"，侯岐曾"立呼驯归候（自注：后当呼为川马），旋作答去"。五月初五，因"川马之邻多所拟议，方谋它徙。则云中急报，事欲不佳。即本庄邻曲，咸奉鼠首矣。车公计无复之，遽欲行匹夫之谋，川马力挽入槎楼。"《紫隄村志》还补充了日记所没有的情节——陈子龙在嘉定因随时有暴露的可能，很不安全，侯岐曾将其"转匿之昆山顾天逵家，独驯从。比复命而收兵至"。

清兵首先抓捕了侯驯，让他带路搜捕侯岐曾。侯驯为了给侯岐曾争取脱逃的时间，故意领着捕兵兜圈子，被激怒的兵丁对其狠施毒手，"捆其面尽肿，又挟其背尽创"。侯岐曾被捕后，侯驯极力替他开脱，大喊道："藏陈黄门的是我，与我主人何干！"直到在松江府受审时，都没改口。侯岐曾此时死意已决，也不肯诿过于侯驯。主仆最终都死在了清兵的屠刀下。

侯氏仆从中被牵连致死的并非侯驯一个人。汪琬在《跋拟明史侯岐曾传后》中说:"今读岐曾子涵所撰父《行实类略》,述陈给事亡命事尤详。且与其父同死者有仆俞儿、朱山、鲍超、陆二、李爱凡五人,皆传所不载。"这五个人在《侯岐曾日记》中大都出现过,其中出现频率最高的是俞儿(名俞荣),仅次于侯驯。其次为李爱,《日记》中称"爱郎"。朱山疑即《日记》中被五次提到的"朱三",陆二疑即《日记》中提到过的"陆达",鲍超在《日记》中只出现过一次。《紫隄村志》卷七"列女"类还提到:"仆俞儿妻钱氏械至松江,义不受污,自经死。"

以上这七位被连染而死的,都是侯氏的家仆。在乾坤倒置、纲常瓦解的易代之际,这些社会底层小人物身上表现出来的忠诚善良、勇敢担当和不屈气节,具有弥足珍贵的道德价值和难以企及的精神高度。这也表明他们对家主倡导的价值标准有较高的认同。

关于明末江南社会的主仆关系,吴晗先生的《明代的奴隶和奴变》、谢国桢先生的《明季奴变考》都有专门的讨论,本文不打算展开分析。但有一点必须说明,中国古代有产者和无产者之间这种特殊依存关系的形成,既有复杂的社会、经济原因，也有悠久的历史传统。它的出现绝不始于明代，也未随着明代的结束而消亡。只不过明代特殊的社会环境，使这种关系被局部激化，造成了严重的社会影响，引起了史家们的关注。

清初无名氏《研堂见闻杂录》，以太仓为例，对明末江南的主仆关系作了这样的描述：

> 吾娄风俗，极重主仆，男子入富家为奴，即立身契，终身不敢雁行立，有役呼之，不敢失尺寸，而子孙累世不得脱籍。间有富厚者，以多金赎之，即名赎而终不得与等肩，此制驭人奴之律令也。然其人任事，即得因缘上下，累累起为富翁，最下者，亦足免饥寒，更借托声势，外人不得轻相呵。即有犯者，主人必极力卫扞。此其食主恩之大略也。

所谓"不敢雁行立"、"不得与齐肩"，就是不能与主人平起平坐，地位永远低一等的意思。卖身为奴虽然会失去一些自由，但在经济和安全上却能得到主人的庇护，有的甚至还依仗主人的威势作恶地方。明末的董其昌和清初的徐乾学，都因包庇恶奴遭受过非议和弹劾。

相比之下，嘉定侯氏虽然世代为官，但对家人一直比较注意羁束和管理。《紫隄村小志》卷之后《江村杂言》记载过这样一件事：明朝末年，由槎溪到嘉定城之间，每天都有船只摆渡。崇祯时期，有掌舵的假借侯氏之名，贪横霸道，路遇行人，即扭入舟中，强行勒索钱物。侯孔鹤听说了此事，"心诧之，遂微行至翔镇，敝袍野帽，彳于岸间，果被呵拉至舱中。既行数里，佯问舟人：'灯有"侯"字系何缙绅？'众嗤笑曰：'尔田叟，不知本邑有二老爹耶？'先生微作色曰：'吾孙子居官谦慎，岂容鼠辈恣威！'盖俗呼侄曰孙子也。众惊，询知为纳言公（按，峒曾）亲叔祖，拉者惶惴甘受责。乃别买舟，置酒肴，谨篙楫，送归龙江。仍罚修街银若干，伏罪而去。自后行人始安适云"。侯孔鹤字白仙，为尧封子，孔诏弟，峒曾、岐曾乃其侄孙。其对假势为恶者的暗访和惩治，既表明侯氏长辈对家门声誉的爱护，也说明作为地方精英，侯氏族长对道德表率有一种自觉。在稳定的社会中，这种自觉行为会逐渐形成一种优越感，感染到与家族相关的每一个成员，包括仆役与厮养。在明末社会动荡的时候，侯氏家奴没有起而为乱，与其平时的影响和约束是分不开的。崇祯十七年九月五日，侯玄汸给伯父的仆人宾题册时说："迩者奴变起于江东，讹言孔亟，三世苍头，盟牲矢义,罔有二心。"(《嘉定侯氏六君子为义仆宾手书卷》,《穰梨馆过眼录》卷二九)天下将乱,侯氏的仆奴自愿设誓效忠,可见其平日培养的作用。

但是,明朝的灭亡,使国家政权对地方暂时失去了控制力,地方精英的影响力也因此削弱,底层社会的游棍趁机聚结,填补了临时出现的权力真空。而构成游棍的主要力量,就是一些富室的恶奴。他们以"索契"为名,劫掠故主,为乱地方,形成了所谓的奴变。奴变的发生,以明代南直隶所辖的江苏、安徽等地最为剧烈。

据清人曾羽王《乙酉笔记》记载:

> 弘光立,人心稍定。诏内有"与民更始"句,讹传与民更始,凡奴仆之辈,尽行更易,不得复奉故主。于是由海上至闵行、周浦、行头、下沙、一团以及华亭诸镇,千百成群,沿家索契。奴杀其主者,不一而足。余时在周浦,有沈庄李长,为横异常。知府陈亨字莲石有勘乱才,遣通判何洁至沈庄,枭示李长,诸恶稍为敛迹。……时出示一通:"有倡乱者,照李长枭示例!"于是周镇稍宁。

"与民更始"是帝王即位改元时诏书中常用的套语,字面上虽有废除旧政、革故鼎新的意思,但多数情形下只是一种姿态。而黠奴以此为据,想废除既有的主仆关系,甚至借机欺凌故主,显与诏书的意志不符。

《研堂见闻杂录》也说:

> 乙酉乱,奴中有黠者,倡为"索契"之说,以鼎革故,奴例何得如初?一呼千应,各至主门,立逼身契。主人捧纸待,稍后时即举火焚屋。间有缚主人者,虽最相得、最受恩,此时各易面孔为虎狼,老拳恶声相加。凡小奚细婢,人主在所者立牵出,不得缓半刻。有大家不习井灶事者,不得不自举火。自城及镇及各村,而东村尤甚。鸣锣聚众,每日有数千人,鼓噪而行。群夫至家,主人落魄,杀劫焚掠反掌间耳。如是数日,而势稍定。城中倡首者,为俞伯祥,故王氏奴,一呼响应,自谓功在千秋,欲勒石纪其事,但许一代相统,不得及子孙,转控上台。而是时新定江南,恶一代之言不祥,斥之。自是气稍沮。属浦君舒用事,恨其为罪首,忽一日牵出斩之,而天下始快。迨吴抚台至州,州中金姓以乱奴控,斩一人,重责四人,又悬示不许复叛,而主仆之

分始定。

所谓"小奚"、"细婢",均指地位低微的奴婢。

计六奇《明季南略》卷四则记载了黟县仆变的情况:"黟县与休宁俱属徽州府。乙酉四月,清兵犹未至也,邑之奴仆结十二寨,索家主文书,稍拂其意,即焚毁之,皆云:'皇帝已换,家主应作仆事我辈矣。'主仆俱兄弟相称。时有嫁娶者,新人皆步行,竟无一人为之僮仆,大约与江阴之变略同,而黟县更甚。"

随着清军占领的地域不断扩大,这些所谓的"黠奴",有的还投靠满人,借势为恶。这引起了一些清朝官员的注意。据《顺治实录》载,顺治二年十二月初六,陕西道御史罗国士向朝廷启奏说:"满洲厮养仆从,约束甚严。近有奸宄之徒托名满洲者,或悍仆借之以欺故主,或狡吏借之以凌本官,或贱役借之以侮缙绅,或亡赖借之以倾富室。种种为害,不可枚举。请严饬中外,以儆刁风。"这个奏疏得到了批准,朝廷下旨说:"满汉久已相安,岂容奸民借端滋扰,著户部通行严禁。如有故违,听该地方官按律究治。事涉满洲者,仍会同满洲官审问解部处分,不许徇情畏忌。"正是有了这道谕旨,新组建的地方政权为了恢复社会秩序,开始重申主仆之分，加大了对恶奴的惩治力度。

　　社会的动荡，必然引起人心波动，江南奴变造成的冲击，不仅针对地方秩序，还颠覆了一些既有的价值观。陆元辅在代吴伟业给上海知县邹弘作的赠序中，就感慨说："呜呼，主仆之分顾不重哉！先朝之季，吴下豪奴悍仆，什什伍伍争起为乱。有坐据堂皇而笞主于庭者，有屠戮主家而覆其宗祀者。鼎革以来，严奴婢殴骂家长之律，悖逆者稍稍知戢矣。而其馀风遗俗，犹未绝也"（《赠上海邹明府序》，《文集》卷七）这种影响，一直延续到顺治末年。

　　侯氏的奴仆多效忠义，故在易代的乱局中，没有趁火打劫，欺凌主人。老仆管科后来在籍产过程中，还替主人设计隐瞒了部分田产。但乱世的人心不可以常理推测，用侯玄汸的话说："然余观世降风移，童稚弗逮于典型，诅盟之设，三代其衰乎。余用惴惴，毋敢荒宁。"（《嘉定侯氏六君子为义仆宾手书卷》）侯氏门下虽多义仆，也偶有不肖者。《赠上海邹明府序》列举了两个入清后背叛家主的恶仆典型，一是太仓张溥的家人陈三，另一个竟然是侯峒曾的家人潘恭。张溥为"海内人宗，户外屦满，不遑问生丛作业。凡钱谷出入，馈遗往来，无不归陈三掌握"。张溥去世后，陈三"悉取其赀更投显宦，意气扬扬，公然与主母嗣子为敌"。吴伟业等不胜其愤,"列其罪状布告当事,走檄四方,陈三伏辜而死。吴人为之一快"。"潘恭为侯广成(按,峒曾字)先生家人,先生高风峻节,历官所至皆有名迹。视学江西,尤能造就多士。乙酉七月父子殉难,凡累世所遗,恭尽窃之逃于境外。畏嗣子记原之问罪也,遂造谤万端,诬蔑其主,持长挟短,假公济私,凶悖之状,日异月新,家法不能正,公议不能遏。江右人士间有不察本末,以义仆称之,而致疑于记原者。"

惩治陈三,吴伟业是首唱。他在《清河家法述》中记述了当日的情景。顺治十七年(1660)十二月五日,张溥夫人王氏召集张溥同年好友、门生和亲党十馀人,令仆人王臣等将陈三拿来跪在堂下,王氏声泪俱下,历数其悖逆之罪:"陈三,伯舅氏司空公家产子也。媵于葛,被逐。先庶常(按,指张溥)渐被录用,付以管钥。乘主殁,窃赀而去其籍,治第舍,厚奉养,诡制居士服,示不臣。为子若弟营文武秀才,又自以五十厮养亦窜名其中,令侪偶尊呼之以为快。西宅吾祖宗起家旧第,先赠公家庙在焉,谋而踞为寝,撤簋堂,迁木主,大起土功,僭侈逾等。西郊方训导古村墓,吾舅氏外王父,先庶常之外曾王父也。此仆斥置园居,亭直其隧,破六棺,遗骸有朱衣象服者,亦遭扬灰而投诸水。吾一老寡妇，且病，嗣又孱子，遇仆乘轩过闾门，弗为下。所居隔堵垣，歌舞声日震于侧，而岁时未有谒，配偶弗以告，甚至斥嗣子之生父名而詈之，此伯叔所稔知也。"又说："仆初入吾门，衣败履决，今拥高赀，牟什一，丝发皆攘之主人，不可估校者且累万，即先庶常遗笔仅存与未亡人所出付者，不下数千金，皆冒没抵负。而吾母子公私乏绝，杯鎗簪珥，尽入其质库。曾有金五两，未浃月，具倍称之息以往，辄抗不还，复叱之曰：'此已有所归，若寡妇奈何不识时务，欲得故物乎！'"说完大哭。闻者亦皆哭，都说对其"宜杀无赦"。并让吴伟业"数其罪，按簿所记枚问之，掷之笔令置对"。陈三"见左证阅实，无所辩，悉署其下曰'应还'，惟伏地祈哀，愿以时输偿所负之半，违约当死"。当日因天色已晚，"不能深考，竟薄加挟以蒇成事焉"（《吴梅村全集》卷二四）。陈三伏辜而死，应是后来的事，具体情由，已难详考。

潘恭窃取侯峒曾遗产外逃，且造谣诬陷侯玄汸之事，在《月蝉笔露》、《凤阿集》等存世的侯氏著作中未见提及，只有陆元辅代笔的这篇序文透露了一些内容。这对我们全面了解侯氏遗孤的遭遇有很重要的意义。

侯峒曾于崇祯十一年（1638）提督江西学政，在任期间大力整顿学风，杜绝请托，奖拔寒门才俊，五年中得人颇众，在江右士人中享有很高的声望。他死后，仆人潘恭不但窃得遗产外逃，且为防止替伯父主祀的侯玄汸追究，还对其造谣诬陷，把自己包装成一个义仆，欺世盗名。这给本已处境艰难，把道德节义视为立身根本的侯玄汸，造成的伤害是不言而喻的。后"赖李公石台、涂公丰山、徐子仲光、康子小范诸君子至吾吴，采访舆评，与记原兄弟交，洞见肺腑，而二十年之云雾顿除"（《赠上海邹明府序》），潘恭泼在侯玄汸身上的脏水，才慢慢被洗刷干净。

陆元辅文章中提到的李石台名来泰（1631—1684），字仲章。江西临川人。顺治八年（1651）举人，十二年任江南上江学政。涂丰山名赟，字五瑞。江西丰城人。崇祯十二年（1639）举人，顺治十七年（1660）补江南上海县知县。徐仲光名芳，江西南城人，崇祯十三年进士。康小范名范生，江西安福人，崇祯十二年举人。晚寓金陵，授徒自给。这些人大都在侯峒曾提督江西学政期间获取过功名，按照当时的习惯，都可算是他的门生。

改朝换代以后，这些江右读书人来到江左，深为恩师一门的忠烈所感动。他们不但通过实地查访，消除了因潘恭的谣言对侯玄汸造成的误会，还将恩师一门数丧，以礼安葬。

侯玄泓《月蝉笔露》卷下云其祖坟"墓载《松江府志》，隶上海二十三保。……江右门人李石台、涂丰山辈为银台营葬，予邀建昌徐仲光相地，……"《紫隄村小志》卷之后则记载了安葬的具体时间和经过："康熙元年，道宪李公来泰、嘉定令潘公师质、上海令涂公赟，皆江右人，广成先生督学时所取士也。先生既殉国，遗骸浮厝太初园中，子嗣又绝，无营计入土者。两令君询知，闻于道尊，道尊协两令君捐赀助葬，两令君亲至龙江顾参政旧宅墟址，即拟其地构丙舍，族长言祖墓在圆沙，原有馀地，乃举襄前诣，为马鬣之封焉。"

这里提到的嘉定知县潘师质，有必要简单介绍几句。潘师质，字敏慎，江西宜春人。顺治三年举人，十八年（1661）任嘉定知县。这是一个为官清廉，且个性极强的官员。据载他在嘉定为官期间，官舍萧然，日食粗粝。当时县中蠹吏和兵弁里外勾结，要在漕粮正额外，加收一定的折耗。对于这项损民的要求，他不肯答应。蠹吏们即向上台告他的恶状。这事传到百姓的耳朵中，引起了愤怒，大家群起打死了为首告状的人。上台下令彻查其事。潘师质深悲自己为民父母而不能拯救百姓，乃将漕粮加耗的危害写成一份文字，绑在腰间，跳入秦淮河中，以死相抗。《大清一统志》后来将他的事迹收入了"名宦志"。

李来泰、涂赟、潘师质等人不但出资为侯氏营葬数丧、抚恤孤寡，还借上海知县邹弘之手杀掉了侯氏叛仆潘恭。这让包括吴伟业在内的一批士人大感快意，陆元辅为之代写这篇赠序，正是缘此而起的。

对邹弘惩治恶仆的行为，《赠上海邹明府序》称赞说："然未有义激于中，奋然申明君臣之义，剪除恶仆如未斋邹明府者也。……明府之剪除恶仆，行新律，视忠定之私行其义者，更光明俊伟，吴人能不为之再快哉？或谓明府为广成所得士，其为此举盖报私恩于地下，如余之于西铭焉耳。呜呼，君臣之义无所逃于天地，上自王公，下至舆台，皆当守而勿失。有民社之责者，岂容横逆之仆恣睢无忌，而不为鹰鹯之逐乎？然则明府之为此，盖以扶万世之大分，非仅酬一日之私恩也。余亦志明府之志者，闻其事不觉有当于心，为叙以志之。一以快吾吴之积愤，一以晓江右之尚有疑于记原者。"

邹弘字未庵。江西庐陵人。顺治十五年（1658）举人，康熙二年（1663）任上海知县。作为江西的读书人，他对侯峒曾的事迹应该是关注的。因同在江左为官，他和李来泰、涂赟及嘉定知县潘师质之间应有深入的交流。对于潘恭欺主的事，这些人想必对他有过交待，故而上任不久就采取了行动。陆元辅的文章中说他是"行新律"而"剪除恶仆"，比"忠定之私行其义"更"光明俊伟"。忠定为北宋名臣张咏的谥号。张咏在宋太宗、真宗两朝曾两知益州，皆有善政。据《宋史》卷二九三记载，他少学击剑，慷慨好大言，喜为奇节。曾有一个士人赴远方为官，中途被仆人挟持，要逼娶其女儿。士人身在旅途，人单力薄，无计可施。一同住店的张咏听说了此事，就假意让这个仆人替他牵马，将之带到郊外树林中斩首。与张咏相比，邹弘身负民社之责，他的行为既是依律惩治恶人，也有"扶万世之大分"的示范意义。

依时间来考，邹弘斩潘恭当在康熙二年。《陆菊隐先生文集》卷一二《仍贻堂记》云，仍贻堂建成后："吴司成梅村适从娄东来贺，大会亲朋于堂中，威仪肃雍，言笑款洽。而予以授经研德之子大年，亦获与末座焉。"吴伟业委托陆元辅代笔作序赠邹弘，应该是这次来嘉定，了解到事件的前后经过，被其行为感动才有的事。也有一种可能，就是与侯氏关系极为密切的陆元辅，欲借吴伟业的大名，代表侯氏遗孤，对邹弘惩处恶仆的义举表达感激之意。《陆菊隐先生诗集》卷三有诗题为《癸卯授经柜园侯生大年有诗见赠次韵》，癸卯为康熙二年，可证吴伟业来嘉定的时间即为本年。

其实所谓义仆、恶仆，都是人性本质在特定环境下的极端表现。往小里看，这关乎一个社会阶层的道德问题。往大里看，则是社会与时代因素相叠加，将人性中的善和恶做了放大。因为在有序的社会中，各种看不见的制约因素，会使积极的价值观与消极的欲念，都难有充分表现的机会。易代之际的动荡，既把一些忠义之人逼上了绝境，也让丑恶的灵魂得到了全面暴露。

附录

# 侯氏家族成员信息简表

## 侯尧封家庭成员

侯尧封：初名栋，字士隆，号龙泉。后更名尧封，字钦之，号复吾。六子五女。

配沈氏：一子一女。

继郁氏：

继张氏：子女六人。

子六人：

一、侯孔诏：字孟宣，号一贞。沈氏出。母产妹卒。此同母妹后适李氏，有子三人，偕侄等课之家塾，俱补诸生。

子震旸

二、侯孔诰：字仲行。

三、侯孔表：字叔闻，号三新。

四、侯孔释：字季如，号四未。工书，精堪舆。

配丁氏。

子履旸：字坦公。喜禅，六十卒。子岘曾（字楚瞻）

五、侯孔鹤（万历七年—顺治九年/1579—1652）：字白仙，号五弗。七十四岁卒。好仙。六子。

1. 鼎旸：字文侯，号赤崖。

2. ?

3. ?

4. 艮旸：字兼三，号石庵。子峮曾：字西青，号补亭。

5. ?

6. ?

六、侯孔龄：字延之，号六好。

1. 豫旸

2. 兑旸：字公羊，号石墨。其次子嶂曾：字仲同。

## 侯震旸家庭成员

侯震旸：字得一，又字起东，号吴观。

配龚氏

子三：峒曾、岷曾（不寿）、岐曾。

女四：分别适丁汝翰、须世征、金德开、张肇楫。

一、侯峒曾（万历十九年—顺治二年/1591—1645）：字豫瞻，号广成。

配李氏（？—顺治三年/？—1646）：忌日为六月廿六。

子四：

1. 玄淙（万历四十五年—泰昌元年/1617—1620）

2. 玄演（泰昌元年—顺治二年/1620—1645）：字几道。

配姚妫俞，字灵修。出家后法名慧净，后更再生。

无子，玄汸长子乘嗣。乘夭，次子来宜嗣。

3. 玄洁（天启元年—顺治二年/1621—1645）：字云俱。

配龚宛琼。出家后法名慧明，更印光，又更妙指。育一女巽来。

4. 玄㵱（天启四年—顺治八年/1624—1651）：字智含。

原配张氏（？—崇祯十六年/？—1643）：卒于嘉兴。

继配盛韫贞：字静维，号寄笠道人。著有《寄笠零稿》。

女二：

1. 怀贞（万历四十五年—？/1617—？）：小名达本。归昆山徐开度，守寡，抚一嗣子。顺治三年出家后法名道树，更名契中。嗣子名云衢（《昆山徐氏宗谱》），小名玉润（《侯岐曾日记·寄顾大鸿》："达本能脱然入道否？玉润岂已过它耶？"）

2. 怀风：字若英（《国朝闺秀诗柳絮集》页1517）。小名翔姐。字太仓王氏。

二、侯岐曾（万历二十三年—顺治四年/1595—1647）：字雍瞻，号广成，又号半生道人。

配张氏（万历二十三年—崇祯元年/1595—1628）：卒于三月十四日，年三十四。

两妾：刘、？。《日记》中称"两侍者"。又云："荚、新"，"静姝"。

子三：

1. 玄泧（万历四十年—康熙十六年/1612—1677）：字彦舟（杜登春《社事始末》）。一字记原，号秬园。

原配杜氏（？—崇祯九年/？—1636）：一女柔来。

继配宁若生（《日记》中称"会稽妇"、"齐郡妇"）：字璀如。著有《春晖诗草》。生女一：恭来（顺治三年二月初七痘殇）。子二：乘、来宜。乘：丁亥五日生，康熙三年八月卒。

2. 玄洵（？—崇祯十一年/？—1638）：字文中。《月蝉笔露》下云其"戊寅（崇祯十一年）端坐而逝"。

配夏淑吉：字美南，号荆隐。出家后法名净云，后更神一，又号龙隐。生子一：侯檠。洵卒时，夏年二十七。康熙元年卒（《厂头志》）。《夏完淳集》中称其为"义融女兄"。《侯岐曾日记》称其为"三媳"。著有《龙隐遗稿》。侯檠：小名恩，字武功。入赘张采家。汪琬《贞宪先生墓志铭》云侯涵"字仲兄遗腹子恩，胜于己出"。

3. 玄泓（泰昌元年—康熙三年/1620—1664）：字研德。

后更名涵。侯玄瀞《侯忠节公年谱》"崇祯六年"云"泓与先伯兄同齿"。汪琬《贞宪先生墓志铭》又云其"享年四十有五"。《墓志铭》云:"元配孙孺人,巡抚都御史讳元化女,有贤行,以哭祖姑龚太恭人、舅太学公毁卒。继章孺人,知县讳简女。又继莫孺人。子三:长开国,监贡生,出嗣仲父;后次棠,县学生;次莱,出嗣伯父。""元化女"当为"元化孙女"。

原配孙俪箫。《侯岐曾日记》称其为"六媳"。卒于顺治四年夏。生子二:荣(开国,字大年。小名揭来,又称定陀)、棠(小名匡来,小匡)。《侯岐曾日记》里多次提到"揭、匡两来"。荣后出嗣玄洵,著有《凤阿集》。

继配章有渭:字玉璜。

继配莫氏:子一:莱(为遗腹子),后出嗣长房。

女六:

1. ?:适昆山王志峻。已早卒。

2. 定:适昆山顾天逵。后依兄嫂而居。

3. 蓁宜(天启元年—康熙九年/1621—1670):小名华。又名达真、令成。字俪南。适嘉定龚元侃(字得和)。著有《宜春阁草》。生平见《嘐城龚氏族谱·侯孺人行略》。

4. 清:幼。

5. 云:六月初五周岁。

6. 玉:幼。

# 参考书目

《明清上海稀见文献五种》刘永翔等整理 人民文学出版社 2006 年版
《侯忠节公全集》侯峒曾著 1933 年铅印本
《明嘉定侯峒曾墨迹》上海市文管委编 上海博物馆 1962 年影印
《月蝉笔露》侯玄汸著 1931 年铅印本
《凤阿集》侯开国著 清抄本
《陶庵全集》黄淳耀著 文渊阁四库全书本
《陆菊隐先生诗文集》陆元辅著《清代诗文集汇编》第六一册影印清抄本
《杨忠文先生实录》陈希恕辑 1917 年刊本
《朴村文集》《朴村诗集》张云章著《清代诗文集汇编》第一七四册影印清康熙刊本
《钱牧斋全集》钱仲联标校 上海古籍出版社 2008 年版
《吴梅村全集》李学颖集评标校 上海古籍出版社 1990 年版
《陈子龙全集》王英志辑校 人民文学出版社 2011 年版
《蓼斋集》李雯著《清代诗文集汇编》第二四册影印顺治十四年刻本
《林屋文稿》宋徵舆著《清代诗文集汇编》第五八册影印康熙刻本
《林屋诗稿》宋徵舆著《清代诗文集汇编》第五八册影印清抄本

《桴亭先生诗文集》陆世仪著 光绪二十五年唐受祺刻《陆桴亭先生遗书》本
《论学酬答》陆世仪著《小石山房丛书》本
《确庵文稿》陈瑚著 毛氏汲古阁刻本
《改亭诗文集》计东著 乾隆十三年刻本
《偶存篇》吴庄著《清代诗文集汇编》第九三册影印清刻本
《秋室集》杨凤苞著 光绪十一年陆心源刻本
《悬榻集》徐芳著 康熙刻本
《卧龙山人集》葛芝著 康熙九年刻本
《谷园集》杨彝著 清抄本
《尺五楼诗集》杜登春著 康熙刻本
《潜壶集》许自俊著 光绪五年许大霖抄本
《田间文集》钱澄之著 彭君华校点 黄山书社 1998 年版
《嘉定李流芳全集》陶继民、王光乾校注 上海古籍出版社 2013 年版
《归庄集》上海古籍出版社 1984 年版
《顾亭林诗文集》华忱之点校 中华书局 1983 年版
《七录斋合集》张溥著 曾肖点校 齐鲁书社 2015 年版
《周金然集》金菊园整理 复旦大学出版社 2016 年版
《夏完淳集笺校》白坚笺校 上海古籍出版社 2016 年版
《汪琬全集笺校》李圣华笺校 人民文学出版社 2010 年版
《淞南诗抄》侯承庆、朱孔阳辑 民国九年刻本
《昭代丛书》张潮等编 上海古籍出版社 1990 年影印本
《国朝闺秀诗柳絮集》黄秩模编辑 付琼校补 人民文学出版社 2011 年版
《天启崇祯两朝遗诗》陈济生编 中华书局 1958 年版
《江南女性别集（二编）》胡晓明、彭国忠主编 黄山书社 2010 年版

《上海府县志丛书·嘉定县卷》上海市地方志办公室、上海市嘉定区地方志办公室编 上海古籍出版社 2012 年版
《黄渡镇志 黄渡续志 南翔镇志 厂头镇志》上海市地方志办公室编 上海社

会科学院出版社 2004 年版

《淞南志 纪王镇志 紫隄村小志 紫隄村志 七宝镇志 塘湾乡九十一图志 陈行乡土志》上海市地方志办公室编 上海社会科学院出版社 2006 年版

《紫隄村志》沈葵撰 王孝俭、朱士充、朱墨钧标点 上海古籍出版社 2008 年版

《安亭志》陈树德编纂 朱瑞熙标点 上海古籍出版社 2003 年版

《嵺城龚氏族谱》清稿本

《明清史料》甲、乙、丙、丁、戊、己编 台北"中央研究院"历史语言研究所 1999 年版

《明季稗史初编》留云居士辑 上海书店 1988 年影印本

《清代日记汇抄》上海人民出版社 1982 年版

《丹午笔记 吴城日记 五石脂》江苏古籍出版社 1985 年版

《三垣笔记》李清著 顾思点校 中华书局 1982 年版

《三鱼堂日记》陆陇其撰 杨春俏点校 中华书局 2016 年版

《东村纪事（外四种）》宋徵舆等著 台湾省文献委员会 1993 年版

《穰梨馆过眼录》陆心源纂辑 陈小林点校 上海书画出版社 2018 年版

《骨董琐记全编》邓之诚著 栾保群校点 人民出版社 2012 年版

# 修订后记

这本小书起初是由中华书局出版的,学界和媒体给了它一定的肯定和鼓励,我也收到了一些反馈意见。这次承蒙广西师范大学出版社的雅意,给它提供了修订再版的机会,作为作者,我深感欣慰。因为初版本早已售罄多时,市场上很难觅得踪影。在修订本出版之际,我照例要向一直以来帮助过我的朋友表达谢意。

在收集资料的过程中,浙江师范大学李圣华教授、北京大学张剑教授、华东师范大学彭国忠教授、国家图书馆古籍馆副馆长陈红彦女士、上海博物馆陈凌女士、嘉定博物馆王光乾先生、艺术史研究专家孙田女士,都曾提供过慷慨的帮助。

本书写作的过程中,师友们的鼓励和支持,给了我持续的动力。特别是《读书》杂志的副主编刘蓉林女士和《随笔》杂志的编辑部主任王凯先生,他们的肯定给了我信心,使我得以一边写作一边拿去发表，思路不断拓展。

本书的初版得到中华书局执行董事徐俊先生、总经理助理俞国林先生、责任编辑白爱虎先生的支持与关照。人民文学出版社的吴慧女士则帮我加工了所有的插图。

这次修订过程中，北京大学张剑教授和人民文学出版社副编审董岑仕女士都做了很多工作，使我得以改正了初版本中的一些错误。

对于以上这些朋友的情谊，我是不会忘怀的。

最后，我要郑重地感谢广西师范大学出版社的总编辑汤文辉先生、文献图书出版分社社长鲁朝阳先生、副社长马艳超先生、大学问品牌图书策划刘隆进先生和责任编辑陈振林、赵楠先生、美术编辑徐俊霞女士。他们态度诚恳，审稿认真负责，工作效率极高，给我留下了很深的印象。希望这本小书不要辜负他们的好意。

周绚隆
2021 年 6 月 25 日

周绚隆,男,1969年生于甘肃庆阳。先后毕业于兰州大学、山东大学中文系,获文学博士学位。从事古典文学研究、翻译和散文写作。发表学术论文多篇,著有《陈维崧年谱》、《元文选》(与邓绍基合作)等。现任中华书局总编辑。